Mama, ich kann das!

Schritt für Schritt zur
Montessori Erziehung.

Mit vielen praktischen Spielideen und
Aktivitäten für zu Hause.

Zur Förderung von Kindern im Alter von 0
bis 6 Jahren.

1. Auflage

Copyright © 2021 – Alleen Carrel

Herausgeber

www.nalunu.de
info@nalunu.de

Inhaltsverzeichnis

EINFÜHRUNG

„Kinder sind Gäste, die nach dem Weg fragen."

Maria Montessori

Liebe Leser/innen

Autoritäre oder antiautoritäre Erziehung? Das ist eine Frage, die sich Eltern, Erzieher, Pädagogen und Wissenschaftler seit Jahren stellen. Eine gänzlich zufriedenstellende Antwort darauf gibt es nicht. Zum einen fließt die eigene Erziehung in die der Kinder mit ein, zum anderen die eigene Einstellung zu diesem Thema. Natürlich steht außer Acht, dass die Kindererziehung möglichst liebevoll und gewaltfrei stattfindet. Für welche Erziehungsmethode wir uns auch immer entscheiden, es ist wichtig zu wissen: Fehler machen alle Eltern. Da spielt es keine Rolle, ob das Kind machen darf, was es möchte, seine Grenzen aufgezeigt bekommt oder auf Schritt und Tritt begleitet wird. Wir sind alle nur Menschen, manchmal sind wir überfragt und treffen öfter falsche Entscheidungen. Das bleibt in der Kindererziehung nicht aus. Gerade hier möchten wir keine Fehler machen, es geht doch um das Leben unserer Kinder, für das wir einige Jahre die Verantwortung tragen. Außerdem legen wir in den ersten Jahren den Grundstein für ihr späteres Leben. Ich darf Ihnen sagen: Fehler gehören zum Leben dazu und je nachdem, wie Sie damit umgehen, wird ihr Kind damit umgehen lernen. Bleiben Sie ein gutes Vorbild, fördern Sie Ihr Kind, geben Sie ihm Selbstbewusstsein und lassen Sie es auf spielerische Weise selbstständig werden.

Immer auf dem Level, in dem es sich gerade befindet in dem Bewusstsein, dass seine Eltern jederzeit für ihn da sind, wenn es sie braucht. Genau das ist der Ansatz von Maria Montessori. In ihrem Erziehungsmodell geht man davon aus, dass jedes Kind seinen ganz individuellen Lernrhythmus besitzt und es bestimmte Phasen durchläuft.

Diese müssen herausgefunden werden, da es dann richtig gut neue Lerninhalte aufnimmt. Außerdem war der italienischen Pädagogin und Ärztin Maria Montessori wichtig, dass Kinder mit allen Sinnen sowie selbstbestimmt lernen. Auf diesen Ansatz entwickelte sie ihren Leitsatz, der inzwischen an vielen Schulen und Kindergärten übernommen wurde (und der natürlich auch zu Hause umgesetzt werden darf!):

„Hilf mir, meine Arbeit selbst zu tun!" [1]

Dieses Konzept hat sich seit vielen Jahren bewährt. Ursprünglich war es für Kinder mit körperlichen und geistigen Einschränkungen gedacht. In der Arbeit mit dieser Methode merkten die Pädagogen jedoch schnell, dass das Konzept auch auf „gesunde" Kinder übertragbar ist. Die beobachteten Kinder während der Einführungsphasen in den verschiedenen Einrichtungen machten unglaubliche Fortschritte auf allen Ebenen.

Das lag unter anderem an der Distanz, die die Erzieher und Pädagogen zu den Kindern hatten, da durch das Beobachten und nicht Eingreifen im Lernprozess die Kinder keinen störenden Einfluss von außen hatten. In diesem Freilernen entwickeln Kinder mehr Spaß und Freude am Lernen, sie sind motivierter und können am Ende einer Einheit stolz auf sich sein, da der Großteil der Lerneinheiten selbst erarbeitet wurde. In den Schulen, die nach dem Montessorikonzept arbeiten, lernen die Kleinen von den Großen, deswegen gibt es dort ausschließlich gemischte Klassen. Das Konzept von Maria Montessori greift bereits von Anfang an. Es gibt bestimmte Methoden, die im Alter von 1-6 Jahren angewendet werden können, die die Kleinsten auf das ganzheitliche und selbstbestimmte Lernen vorbereiten.

Diese Kinder wachsen freier und trotzdem behütet auf, sie entwickeln Ehrgeiz und wachsen später über sich hinaus, was eine gehörige Portion Selbstbewusstsein bedeutet. Seien Sie mutig, wachsen Sie über sich hinaus und geben Sie Ihrem Kind die Möglichkeit, alle Talente und Begabungen herauszuholen, die in ihm stecken.

Haben Sie keine Angst vor Veränderungen, denn sie bringen den Wandel mit sich. Dieses Buch begleitet Sie durch das gesamte Konzept von Maria Montessori. Schritt für Schritt lernen Sie, was es damit auf sich hat, wie es angewendet und umgesetzt wird. Und das Beste: Sie können alles, was Sie in diesem Buch lernen, dem persönlichen Wissensstand Ihres Kindes anpassen! Nur die Eltern kennen ihr Kind, wissen um seine Vorlieben, seine Schwächen und Stärken. Förderungen können präzise dort zum Einsatz, wo Ihr Kind noch Hilfe benötigt, seine Stärken baut es nahezu allein aus durch spielerische Denkansätze und kleinen Aufgaben. Die individuelle, kindliche Förderung kann ganz einfach zu Hause eingesetzt werden. Überbrücken Sie die Zeit vor dem Kindergarten, ersetzen Sie diesen durch die Montessori Methoden, wenn Ihr Kind zu Hause bleiben soll, oder verwenden Sie sie nach der Schule. Im Alltag, in der Freizeit, während des Einkaufens (ja, auch das ist möglich!) oder im Kreis der Krabbelgruppe gemeinsam mit anderen Eltern. Sie werden sehen, Mutter und Kind (oder Vater und Kind oder gar alle drei) werden mit der Zeit zusammenwachsen, das Urvertrauen ihres Kindes aufbauen und steigern sowie ein glückliches, zufriedenes und selbstbewusstes Kind aufziehen. Ich zumindest freue mich auf die „Lesezeit und Lernzeit" mit Ihnen und finde es ganz großartig, dass Sie dabei sind! Viel Spaß!

SCHRITT 1

MONTESSORI PÄDAGOGIK VERSTEHEN

„Alle unsere Irrtümer übertragen wir auf unsere Kinder, in denen sie untilgbare Spuren hinterlassen.“

Maria Montessori

1.1 Maria Montessori

Maria Montessori, geboren am 31. August 1870 in Chiravalle/ Ancona (Italien) und gestorben am 6. Mai 1952 in Noordwijk, Niederlande), war eine italienische Ärztin, Philosophin und Reformpädagogin. Ihre Eltern waren der Finanzbeamte Alessandro Montessori sowie die von der Gutsbesitzerfamilie Stoppani abstammende Renilde Montessori. Renilde war sehr gebildet und Neuerungen gegenüber aufgeschlossen. Der Anstoß zur späteren Arbeit von Maria Montessori jedoch kam von ihrem Großonkel Antonio Stoppani, der ein Naturwissenschaftler sowie katholischer Theologe war. Renilde erzieht Maria zwar zur Selbstdisziplin, dennoch hat die kleine Maria Probleme in der Grundschule aufgrund fehlenden Ehrgeizes. Mit der Unterstützung ihrer Mutter entwickelte Maria mit der Zeit doch Lust am Lernen und interessierte sich besonders für die Mathematik. Schließlich besuchte sie eine technisch- naturwissenschaftliche Schule, nach deren Abschluss die Schüler auf einer Hochschule studieren können. Das stupide Lernen ausschließlich mit Lehrbüchern war vermutlich Stein des Anstoßes für die später von Maria Montessori entwickelte selbstbestimmte Erziehungsmethodik. Nach ihrem sehr erfolgreichen Abschluss im Jahre 1890, insbesondere im Bereich Mathematik, entscheidet sie sich 1892 für ein Medizinstudium, da ihr größter

Berufswunsch Ärztin sei. Nach anfänglichen Zulassungsproblemen (der Beruf Arzt war damals nur Männern vorbehalten) bekam sie die Erlaubnis zu studieren. Während des Studiums lässt sich Maria als Kinderheilpädagogin ausbilden, Schwerpunkt geistig und körperlich behinderte Kinder. 1896 erhält sie als erste Frau Italiens ein Promotionsdiplom. 1898 wird Maria Mutter eines Sohnes, den sie Mario nennt. Vater ist Dr. Montesano, von dem sie sich jedoch später trennt. Sie gibt ihren Sohn zu Bekannten, besucht ihn aber oft und ab 1913 wird ihr Sohn ihr ständiger Begleiter. Über ihre tägliche Arbeit mit behinderten Kindern kam Maria zur Pädagogik.

Sie studierte unzählige Schriften von Naturwissenschaftlern und Ärzten, hielt auf Pädagogen Kongressen Vorträge und entwickelt als Mitglied der Liga für Erziehung behinderter Kinder ihre berühmte Montessori Methode. 1900 wird Maria Montessori Leiterin des medizinisch-pädagogischen Instituts in Rom, nebenbei studierte sie Pädagogik, Anthropologie und Experimentalpsychologie. 1904 bekam sie den Lehrstuhl für Anthropologie am pädagogischen Institut Rom. Bevor Maria schließlich ihr erstes Kinderhaus von vielen am 6. Januar 1907 im italienischen Arbeiterviertel San Lorenzo eröffnete, schrieb sie ihr Grundschulkonzept, das noch heute Anwendung findet. Nach drei großen Studienreisen mit Vorträgen in die USA wird

1924 mit der Absegnung Mussolinis die Montessori Pädagogik in Italien an sämtlichen Schulen eingeführt. 1936 flüchtet sie vor dem Faschismus nach Amsterdam und später Indien. 1946 kommt Maria nach Europa zurück und nach mehreren Kongressen sowie Vortragsreisen stirbt sie am 6. Mai 1952 in Holland.

1.2 Philosophie, Leitsatz und Ihr Gedanke

Die Philosophie der Montessori Pädagogik ist das selbstständige individuelle Lernen, bei dem der Fokus ausschließlich auf die Kinder gelegt wird und sie weder Kritik noch Einflüsse von außen bekommen. Kinder sollen Spaß am Lernen haben und das ganz ohne Beeinflussung durch Konsequenzen oder Belohnungen. Die eigene Motivation der Kinder soll durch das Lernen entstehen ohne Druck entstehen. Ebenfalls wichtiger Bestandteil der Montessori Philosophie ist die eigene Entscheidung der Kinder, wann sie was, wie lange und wie viel lernen möchten. Im Vordergrund steht immer der Respekt dem Kind und der Lehrkraft gegenüber.

Durch die geförderte Eigenmotivation der Kinder bekommen sie mit der Zeit bei stetigen Erfolgen mehr Selbstvertrauen. Der Gedanke hinter der Montessori Pädagogik ist die Annahme, dass der Lernrhythmus jedes Kindes unterschiedlich ist. Jedes Kind lernt anders und muss dort abgeholt werden, wo es geradesteht (gedanklich). Kinder sollen mit allen Sinnen lernen, denn nur so wird das Gelernte nachhaltig im Gedächtnis abgespeichert. Ganzheitliches Lernen fördert und fordert den gesamten Körper. Es gibt insgesamt drei Leitsätze, die Maria Montessori formuliert hat:

1. Hilf mir, es selbst zu tun!
2. Nicht das Kind passt sich der Umgebung an, sondern die Umgebung dem Kind.
3. Selbsttätigkeit führt zu Selbstständigkeit.

Auf diese Leitsätze entwickelte sich folgende Methode:

- An Montessorischulen gibt es ein reichhaltiges Angebot an freiem Arbeitsmaterial.
- Die geistige Entwicklung und die Erziehung werden durch Sinnesübungen des täglichen Lebens vollzogen.
- Es gibt einen fließenden Übergang vom Kindergarten zur Schule.
- Sämtliche Gruppen sind alters- und geschlechtsgemischt.
- Es erfolgt kein Unterricht im starren 45-Minuten-Takt.
- die Lernumgebung wird räumlich vorbereitet, es besteht ausreichend Wahl- und Bewegungsfreiheit.
- Für die Entwicklung der Konzentrationsfähigkeit haben die Kinder viel Zeit.

- Die Lerngruppen sind jahrgangsübergreifend, sodass Ältere den Jüngeren helfen können.
- Die Erreichung der Lernziele bleibt den Kindern vorbehalten.
- Bereits im frühen Kindesalter setzt die Erziehung zum Frieden an.
- Körperliche Aktivitäten werden frei und individuell entfaltet.
- Der Unterricht besteht überwiegend aus freier Arbeitszeit.
- Die Kinder lernen Respekt vor Menschen und Tieren in allen Phasen der Entwicklung.
- Die Integration geistig oder körperlich behinderter Kinder ist selbstverständlich.
- Um Unabhängigkeit zu erlangen, gilt die Erziehung als Lebenshilfe.
- Die Kinder werden zu Disziplin und Ordnung erzogen, dazu gehört das Aufräumen nach dem Benutzen der Arbeitsmaterialien.

1.3 Prinzipien der Montessori Methodik

Im privaten Umfeld, in der Kommunikation und dem Zusammenleben von Eltern und Kind kommt es immer wieder zu Erziehungsfragen. Mache ich alles richtig, in welcher Situation reagiere ich wie, was macht mein Kind und mich

(oder meinen Partner und mich) glücklich? Wie kommen wir auf eine gute Ebene, wie erziehen wir unser Kind selbstbestimmt, aber mit einer gewissen „Lenkung" unsererseits? Maria Montessori kam in ihren Forschungen und Studien zu dem Ergebnis, dass Kinder unter bestimmten Voraussetzungen zu glücklichen und guten Kindern erzogen werden können. Die Eltern sollten den Kindern zwar genügend Freiheiten gewähren, sich aber trotzdem sorgen, ihnen Orientierung und Unterstützung bieten. Sich frei entwickeln unter beobachtenden Augen der Eltern mit einem gewissen roten Faden, um die Orientierung nicht zu verlieren und selbstbestimmt arbeiten und sich entwickeln zu können. Um Eltern einen kleinen Leitfaden für den Alltag geben zu können, hat Maria Montessori 15 Prinzipien entwickelt, die Ihnen bei der Erziehung Ihres Kindes/ Kinder helfen können.

1. Kinder lernen automatisch, indem sie sich alles von ihrem Umfeld abschauen. Achten Sie bitte auf alle Ihre Worte und Tagen und seien Sie das beste Vorbild für Ihr Kind.
2. Ihr Kind wird später ständig streiten, wenn Sie ihm oder anderen gegenüber feindselig sind.
3. Machen Sie sich nicht über Ihr Kind lustig. Es wird dadurch eingeschüchtert und traut sich später nichts zu.

4. Verachten Sie Ihr Kind nicht, sonst wird es sich für alles schuldig fühlen und alles negativ empfinden.

5. Sorgen Sie dafür, dass sich Ihr Kind in jeder Situation und an jedem Ort sicher fühlt. So lernt es, anderen zu vertrauen.

6. Wenn Sie das Verhalten Ihres Kindes zu oft kritisieren, · wird es in Zukunft alle Menschen, die es kennenlernt, beurteilen.

7. Loben Sie Ihr Kind dagegen oft, dann wird es die Fähigkeit zu schätzen lernen.

8. Versuchen Sie, alle Ideen, Meinungen und Vorschläge Ihres Kindes zu akzeptieren. So fühlt es sich gut und ist in der Lage, Eigenmotivation zu entwickeln.

9. Reden Sie nie schlecht über Ihr Kind. Ganz egal, ob es in Ihrer Nähe ist oder nicht.

10. Ihr Kind kann sich nur dann wirklich geliebt fühlen, wenn es sich in seinem häuslichen Umfeld behütet, gebraucht, geliebt und mit ins gemeinsame Leben einbezogen fühlt.

11. Lernen Sie die guten Seiten Ihres Kindes wertzuschätzen. Versuchen Sie, die „Unarten" Ihres Kindes zu tolerieren, aber erwähnen Sie sie nicht. Konzentrieren Sie sich stattdessen auf seine guten Seiten und dass es sich optimal entwickelt.

12. Wenn Ihr Kind einen Fehler gemacht hat, machen Sie es darauf aufmerksam, dass das völlig in Ordnung ist. Unterstützen Sie es bei der Wiedergutmachung oder helfen Sie ihm, dass es das nächste Mal besser wird.

13. Wann immer Ihr Kind Ihnen eine Frage stellt oder etwas sagen möchte, hören Sie ihm zu. Geben Sie ihm stets eine Antwort und vertrösten es nicht auf einen späteren Zeitpunkt.

14. Selbstverständlich können Sie Ihrem Kind altersgerechte Anleitungen oder Anweisungen geben. Formulieren Sie diese jedoch bitte immer positiv, damit Ihr Kind motiviert wird und nicht negativ beeinflusst wird.

15. Sollte Ihr Kind in irgendeiner Sache oder Situation mal nicht allein weiterkommen, dürfen Sie ihm natürlich helfen. Aber nur so weit, dass es von selbst auf die Lösung kommt.

Diesen Prinzipien für Eltern liegen die Grundprinzipien der Montessori Pädagogik zugrunde. Diese Grundprinzipien hat Maria Montessori aufgrund ihrer Entdeckung, dass jedes Kind seinen eigenen Lernrhythmus hat, entwickelt. Sie wollte die maximale Förderung jedes einzelnen Kindes. Diese steht bis heute im Mittelpunkt der Lernprozesse der Montessori Pädagogik.

Die Grundprinzipien lauten:

1. Kinder werden als wertvolle Menschen betrachtet und in ihrer jeweiligen Persönlichkeit geachtet.
2. Kinder sind ihre eigenen Baumeister.
3. Jedes Kind hat seinen eigenen individuellen Lernrhythmus.
4. Kinder sollen lernen, Eigenmotivation zu entwickeln.
5. Kein Kind wird mit einem anderen verglichen.
6. Schwierigkeiten sollen Kinder, soweit möglich, allein bewältigen.

Maria Montessori beobachtete während ihrer vielen Studien die Kinder ganz genau und kam zu dem Ergebnis, dass jedes Kind während der individuellen Lernprozesse verschiedene Phasen durchläuft. Es sind insgesamt drei verschiedene Entwicklungsphasen. Die erste verläuft von 0 bis 6 Jahren, die zweite vom 6. bis 12. Lebensjahr und die dritte vom 12. bis 18. Lebensjahr. Beeinflusst werden diese Entwicklungsprozesse von sensiblen Phasen.

1.4 Die sensiblen Phasen

Die Entwicklung von Kindern verläuft laut Maria Montessori in verschiedenen Phasen ab, wobei jede einzelne Phase auf die nachfolgende aufbaut. Die Phasen sind in der Reihenfolge definiert – Aufbau, Ausbau, Umbau – trotz allem dienen sie nur als Anhaltspunkte. Da jedes Kind ein Individuum ist und bekanntlich in seinem eigenen Lerntempo lernt und sich nach seinem jeweiligen Stand entwickelt, dauern die Phasen unterschiedlich lang. Die einen Kinder benötigen mehr Zeit in einer Phase, andere beginnen früher mit einer Phase und sind in dieser „Stufenentwicklung" auch schneller fertig. Es sind Zeitfenster, die von Erziehern, Pädagogen und Eltern sinnvoll genutzt werden sollten, ihre Kinder entsprechend zu fördern, da sie in dieser Zeit eine große Aufnahmefähigkeit besitzen. Sie dauern nur kurze Zeit an und sind auf das jeweilige Kind abgestimmt. Immer dann, wenn das Kind dazu bereit ist, beginnt die sensible Phase und sie ist vorbei, sobald das Kind für diese Phase alle nötigen Fähigkeiten gelernt und gefestigt hat. Es kann jedoch passieren, dass diese Phase nur ganz kurz andauern, weil sie nicht genutzt wurden und das Kind keine Fähigkeiten erwerben konnte. Dies ist der Fall, wenn durch äußere Umstände oder Bezugspersonen (privat oder in einer pädagogischen Einrichtung) die Phase verkannt wird und dem Kind so die spezielle Förderung versagt bleibt. Deswegen ist es von hoher Bedeutung, sich dieser kreativen und aufnahmefähigen Phasen bewusst zu sein, die im Folgenden erklärt werden.

1. Die Zeit des Aufbaus

Diese Phase besteht aus zwei Teilen.

Erster Teil: 0 bis 3 Jahre – die Phase des aufnehmenden Geistes

In dieser Phase nimmt das Kind sämtliche Eindrücke unbewusst auf. Ihm fließen die Informationen zu und das kindliche Gehirn saugt sie auf. Allerdings weiß das Gehirn in diesem Alter noch nicht, wo die Informationen abgespeichert werden sollen. In folgenden Bereichen sind Kinder in dieser Phase sehr sensibel: Fein- und Grobmotorik im Bereich Bewegung, Ordnung, Sinneserfahrungen, Sprache, erste Erfahrungen in mathematischen Grundzügen.

Sprache: In genau diesem Alter lernen Kinder spielerisch neue Sprachen und natürlich auch die Muttersprache. Ihnen macht es viel Spaß, im Alter zwischen 0 und 3 Jahren Worte und gehörte Laute nachzuahmen, davon ab, dass dieser Vorgang natur- und entwicklungsbedingt ist. Außerdem können sie zwischen ein und zwei Jahren bestimmte Worte Dingen und Personen zuordnen wie z.b. Mama oder Hund.

Bewegung: In dieser Zeit gibt es Entwicklungen in den Bereichen Hand-Auge-Koordination, Hand- Hand-Koordination, Körperkoordination und Gleichgewicht (an Gegenständen hochziehen oder laufen lernen) sowie die anfängliche Ausbildung von Fein- und Grobmotorik.

Ordnung: Natürlich kann kein Kind in diesem Alter sein Zimmer selbst aufräumen oder wie es am besten Ordnung hält. Dieser Punkt meint die wiederkehrende Verlässlichkeit in Form von Ritualen, die einen festen Platz im Alltag bekommen, was das Kennenlernen von Regeln und die Ordnung an sich betrifft. Dazu gehört unter anderem, dass die Schuhe einen festen Platz im Schuhschrank haben, die Jacke stets am selben Haken hängt und das Spielzeug nach dem Benutzen in ein bestimmtes Regal oder eine Kiste gestellt wird. Dieses Wissen um anfängliche Ordnung gibt den Kindern Orientierung und Sicherheit bis zum dritten Lebensjahr, denn „Unordnung" in Form von unendlichen Eindrücken herrscht sowieso schon genug in den Köpfen der Kleinkinder.

Sinneserfahrungen: Sie haben bereits erfahren, dass Kinder nach der Methode von Maria Montessori möglichst mit allen Sinnen lernen sollen, denn nur so hinterlassen die neuen Erfahrungen und Eindrücke dauerhafte Spuren. Deswegen ist es wichtig, dass Kinder in diesem Alter alles Mögliche in den Mund stecken, um zu „sehen", wie die Dinge aussehen, schmecken, riechen und sich anfühlen. Das beginnt beim Spielen mit den eigenen Fingern über das Anfassen sämtlicher Gegenstände bis zum in den Mund nehmen von den eigenen Füßchen oder Bausteinen.

Mathematische Grundzüge: Man mag es kaum glauben, aber schon die Orientierung innerhalb eines Raumes zählt zu den ersten mathematischen Erfahrungen. Das Kind muss zuordnen, wo oben, unten, links und rechts ist und das dient als Vorbereitung auf die Mathematik. Kleine Rechenaufgaben können Kinder in dem Alter bereits meistern. Dazu zählen das Anzeigen des eigenen Alters mit den Fingern, das Verständnis für einen Teller, zwei Puppen oder fünf Zehen.

Zweiter Teil: 3 bis 6 Jahre – die Phase der Optimierung
In dieser Phase kann das kindliche Gehirn alle in der vorigen Phase gesammelten Eindrücke einsortieren und zuordnen. Nun können die bisher gemachten Erfahrungen und Fähigkeit ausgebaut und verbessert werden. Der Wortschatz wird größer, die Kinder interessieren sich für Bilder, Zahlen und große Buchstaben. Erste Bilderbücher werden interessant, die Kinder können mit der Zeit bis zehn zählen, erste Zahlen oder Buchstaben schreiben. Außerdem werden nun Tiere interessant und die verschiedenen Phänomene der Jahreszeiten (Schnee im Winter oder Wärme im Sommer und das Laub im Herbst). Kinder setzen sich mit ihrer Umwelt auseinander, indem sie alles ganz genau beobachten, die ersten Fragen mit Warum stellen und versuchen, Kontakte außerhalb der Familie zu knüpfen.

2. Die Zeit des Ausbaus
6 bis 12 Jahre – die Schule des Kindes

Nun beginnt die Ausbauphase. Es ist eine sehr stabile Phase ohne viele Sinneseindrücke von außen und Einflüsse wie in der Aufbauphase. In dieser Zeit geht es vermehrt um den Ausbau sozialer Kompetenzen, dem Knüpfen sozialer Kontakte sowie einer ersten Vorstellung von Moral. Auch Aktivitäten außerhalb der Familie spielen eine große Rolle, wie z.b. das Eintreten in eine Musikschule, die Turnstunde im Sportverein oder das gemeinsame Spielen nachmittags mit einem Freund/ Freundin. Durch die sozialen Kontakte bildet sich ein erstes Gefühl für ein gutes beziehungsweise schlechtes Gewissen, außerdem entwickeln Kinder in dem Alter einen ausgeprägten Sinn für Gerechtigkeit. Sie merken, wenn jemand persönliche Grenzen überschreitet oder gegen Regeln verstößt und reagieren entsprechend darauf. 6-12-jährige erfahren immer mehr Regeln, dessen Sinn sie öfter überprüfen, indem sie sie einfach nicht befolgen oder selbst umändern. Sie möchten mitreden, nicht einfach nur machen, was ihnen gesagt wird. Abstraktes Lernen löst handelndes Lernen ab. Hierfür eignen sich Wörterbücher, Atlanten und Lexika für Kinder.

3. Die Zeit des Umbaus
12 bis 18 Jahre

Die Phase des Umbaus ist nicht so stabil wie die vorige des Ausbaus. Sie ist überaus empfindlich und labil, da in diesen sechs Jahren viele Umbrüche mit dem Körper geschehen und auch im sozialen Umfeld einige Einflüsse und Veränderungen auf die Kinder zukommen. Es gibt schulische Veränderungen, Freundschaften werden geknüpft und womöglich wieder beendet, die erste Liebe ist möglich, Veränderungen im familiären Umfeld können entstehen, die Pubertät wird eine große Rolle in dieser Zeit spielen und die Heranwachsenden sind ständig auf der Suche. Sei es nach dem größeren Sinn des Lebens, nach sich selbst oder nach Lösungen für ständig neu auftauchende Probleme. Der Lebensmittelpunkt verlagert sich von der Familie zu Cliquen oder engen Freundschaften, alles wird hinterfragt, die Laune verändert sich von Minute zu Minute und der Einfluss von außen wird stets größer. Heranwachsende möchten sich gerne abgrenzen und selbstständig werden, andererseits benötigen sie Schutz und Fürsorge zu Hause. Bis sie den Platz in ihrem Leben finden, wird es viele Tränen, Kämpfe, tolle Erfahrungen und Abenteuer, aber auch Niederschläge geben.

1.5 Lebensnahes Lernen

Lebensnahes Lernen, auch authentisches Lernen genannt, bedeutet das Leben zu er- und begreifen, und zwar mit allen Sinnen. Die Kinder sollen nicht nur mittels Theorie lernen, sondern vor allem hautnah mit dem Leben. Das sind ganz einfache Dinge, die sich leicht in den Alltag integrieren lassen. Dazu zählen unter anderem mit dem Kind einkaufen zu gehen und es ganz bewusst mit in den Einkauf einzubeziehen. So kann das Kind zum Beispiel die Milch suchen oder zwei grüne Äpfel holen. Dazu zählt aber auch, nach dem gemeinsamen Essen beim Abtrocknen des Geschirrs zu helfen oder den Tisch vor dem Essen zu decken. Mit dem Kind in den Wald oder Park zu gehen, es die Luft riechen zu lassen, an bestimmten Blumen oder Büschen zu riechen, sich die vielen Farben auf einer Blumenwiese aufzählen lassen oder auf dem Boden liegendes Laub aufzuheben und seine Formen zu beschreiben – das alles ist lebensnahes Lernen. Das Kind ist bei dieser Methode mitten im Leben, erfasst sämtliche Eindrücke mit allen Sinnen und lernt dabei. So bleiben neue Informationen nachhaltig im kindlichen Gedächtnis gespeichert.

1.6 Ziele von Montessori Pädagogik

Das Ziel der Pädagogik von Maria Montessori ist eine stete, liebevolle und unterstützende Begleitung der Kinder.

Sie sollen nicht durch äußere Umstände oder einem strikten vorgegebenen Plan negativ beeinflusst werden. Beobachtung steht im Vordergrund und Hilfe, wo sie angebracht ist. Mithilfe dieser Begleitung können sich die Kinder zu eigenständigen, verantwortungsbewussten und selbstbestimmten Persönlichkeiten entwickeln. Sie sollen ein friedliches Miteinander kennenlernen und erleben und es im besten Fall an andere weitervermitteln.

Kinder bauen sich innerhalb dieses Systems selbst auf durch die Freiheit, möglichst viel selbst entscheiden zu dürfen. Maria Montessori drückte es so aus: Wenn wir die Kinder nicht in unsere Formen pressen, sehen wir, dass sie Tugenden besitzen, die wir ihrem frühen Lebensalter kaum zutrauen: Unermüdlichen Tätigkeitsdrang, Nächstenliebe, innere Disziplin.

1.7 Vorteile und Lerneffekte

Die Montessori Pädagogik ist vom gesamten Standpunkt betrachtet die wahrscheinlich wertvollste und effektivste Methode, ein Kind zu einer Persönlichkeit zu erziehen, ohne Konsequenzen anzuwenden und sich zu sehr einzumischen. Insgesamt gibt es viele Vorteile im privaten als auch im Kindergarten oder der Schule mit Schwerpunkt Maria Montessori Pädagogik.

Diese wären

- die ganz persönlichen und individuellen Bedürfnisse und Talente können gezielt gefördert werden
- das Kind lernt aufgrund oben genannter Förderung in seinem eigenen Lerntempo
- dadurch erfahren sie keinen Leistungsdruck und können sich besser konzentrieren und entfalten
- ein Schwerpunkt liegt auf der Vermittlung sozialer Kompetenzen, die für ein friedvolles Miteinander sehr wichtig (Hilfsbereitschaft, Gerechtigkeit etc.)
- das Lernen erfolgt altersgerecht in den naturgegebenen Phasen
- die Betreuung ist genau auf das jeweilige Kind abgestimmt
- die Kinder haben in der Regel mehr Selbstbewusstsein als andere Kinder und sind selbstständiger
- das Gemeinschaftsgefühl, das Wir-Gefühl, wird gestärkt
- die Kinder lernen durch Begreifen und mit allen Sinnen. So Erlerntes wird schneller vom kindlichen Gedächtnis abgespeichert.

Lerneffekte der Maria Montessori Pädagogik sind:

- die Kinder lernen von- und miteinander

- sie haben einen größeren Gerechtigkeitssinn
- die Kinder brauchen später im Berufsleben keine große Anleitung
- es gibt eine gesteigerte Akzeptanz der Regeleinhaltung
- die Kinder äußern ihre Bedürfnisse und achten auf die Bedürfnisse anderer
- andere Menschen und ihre Lebensformen und Sichtweisen werden akzeptiert
- höfliche Umgangsformen werden später selbstverständlich im Leben integriert
- die Kinder können sich in jeder Gemeinschaft zurechtfinden
- Grob- und Feinmotorik werden altersentsprechend gefördert
- es gibt kein Konkurrenzdenken

1.8 Können Nachteile entstehen?

Wie überall gilt auch bei der Montessori Pädagogik: Wo Vorteile sind, gibt es auch mögliche Nachteile. Hierbei handelt es sich jedoch nicht um persönliche Nachteile des Kindes, die es in seiner Entwicklung hindern oder benachteiligen könnten. Es sind überwiegend äußere Umstände, die sich für die Eltern ergeben könnten. So zum Beispiel kostet der Besuch eines Montessori Kindergartens im Monat zwischen 35 Euro und 180 Euro. Die Kosten variieren je nach Stundenanzahl und Alter des

Kindes. Eine Montessori Schule kostet pro Monat auf etwa 100 bis 500 Euro. Auch das ist abhängig von der jeweiligen Schule und dem familiären Einkommen. Es gibt zudem Montessori Schulen, bei denen Eltern, die Geringverdiener sind, ihre Kinder umsonst auf diese Schule geben dürfen. Dafür zahlen im Gegenzug besserverdienende Eltern gern einen höheren Beitrag. So können Kinder, die ideal in dieses Konzept passen, trotzdem eine Maria-Montessori-Schule besuchen. Dies ist jedoch eher die Ausnahme als die Regel. Bevor ein Schulvertrag abgeschlossen wird, gibt es ein strenges Auswahl- und Aufnahmeverfahren, in dem geklärt wird, ob das jeweilige Kind mit dem Konzept zurechtkommt oder nicht.

Da es in Deutschland nur knapp über 1.000 Bildungseinrichtungen gibt, die Maria Montessori Pädagogik anwenden (im Vergleich dazu gibt es allein 15.000 staatliche Grundschulen und 18.000 Kindergärten öffentlicher Träger), kommt es vor, dass Eltern einen längeren Anfahrtsweg in Kauf nehmen müssen oder ihre Kinder einen längeren Schulweg beispielsweise mit dem Zug oder dem Bus haben.

Wenn Sie als Elternteil nicht viel Zeit übrighaben, weil sie zum Beispiel beruflich stark ausgelastet sind oder sich noch um die Erziehung mehrerer Kinder kümmern müssen, kommt eine Montessori Einrichtung womöglich nicht infrage. In diesen Einrichtungen ist das Engagement der Eltern stark gefragt und erwünscht. Aktive Elternarbeit gehört zum Grundkonzept jeder Montessori Einrichtung. Zu den Aufgaben gehören unter anderem die Instandhaltung und Pflege des Hofs und des Gebäudes, die Herstellung des Arbeitsmaterials sowie pro Schuljahr verpflichtende Arbeitsstunden, die abgeleistet werden müssen.

Nicht zuletzt ist der wichtigste Punkt, dass Ihr Kind mit dieser Methodik zurechtkommt beziehungsweise dafür geeignet ist. Nicht jedes Kind ist aufgrund fehlender Strukturen für die Montessori Pädagogik geeignet. Je nachdem, welchen Charakter, Veranlagungen und Temperament das Kind besitzt, kann diese Form der Pädagogik nachteilig sein. So kommen Kinder mit Konzentrationsstörungen weniger gut mit dem selbstständigen Lernen zurecht und solche, die eine Motivation von außen benötigen, werden auf lange Sicht keine Fortschritte in einer Montessori Einrichtung machen.

1.9 Diese Methodik ist besonders geeignet für...

Generell ist es wichtig, dass Sie mit den Werten einer Montessori Einrichtung übereinstimmen und ihren entsprechen. Der Idealfall ist, wenn Sie Ihr Kind von Geburt an nach dem Montessori Konzept erziehen (möchten), denn dann kommt es zu keinen Missverständnissen zwischen Ihrer

Erziehungsmethoden und denen einer Montessori Einrichtung. Sie tragen sämtliche Entscheidungen und Förderungen mit und haben kein Problem damit, sich stark in die Eltern-Schule-Gemeinschaft einzufügen. Wenn Ihr Kind Grenzen und Vorgaben benötigt, um Fortschritte machen und sich wohlfühlen zu können, dann kommt es einer Montessori Einrichtung nicht gut mit und braucht eine alternative Erziehungsmethode. Das gleiche gilt für Kinder, die sich nicht gut allein motivieren können und die für ihre Leistungen und Hausaufgaben Feedback sowie Noten brauchen, um motiviert zu werden und Ehrgeiz zu entwickeln.

SCHRITT 2

MONTESSORI PÄDAGOGIK RICHTIG ANWENDEN

„Die Aufgabe der Umgebung ist es nicht, das Kind zu formen, sondern ihm zu erlauben, sich zu offenbaren."

Maria Montessori

2.1 Lob und Belohnung

Die Montessori Pädagogik arbeitet bekanntlich ohne Belohnung und Strafen, weil Maria Montessori zu folgender Ansicht gekommen ist:

„Preise und Strafen sind Anregungen zu unnatürlichen und erzwungenen Bemühungen. Deshalb können wir in diesem Zusammenhang nicht von der natürlichen Entwicklung eines Kindes sprechen." [2]

Doch wie sieht es mit einem Lob aus? Ein Lob ist schnell ausgesprochen und nach Ansicht von Montessori Pädagogen zu oft und meistens grundlos, sodass die Kinder ein Lob nicht mehr motivierend finden und es oft nicht mehr ernst nehmen. Somit ist die Wirkung des Lobes uneffektiv. Ein Lob sollte generell nur ein weniger starkes Kind bekommen, das die Eigen-Motivation und Selbstständigkeit noch lernen muss. Starke Kinder wissen nämlich, was sie können und hier wäre eine Belobigung unangebracht. Ein Lob für ein weniger starkes Kind sollte individuell auf das Kind zugeschnitten sein, sehr achtsam und mit viel Wahrnehmung ausgesprochen werden. Ganz wichtig: Zu loben ist nicht die Leistung, die das Kind vollbracht hat, sondern die, die es sich vorher im Kopf für die erbrachte Leistung ausgedacht und geschaffen hat. Wenn das

Lob Früchte tragen und aufbauen soll, dann wird das Kind dort gelobt, wo es geradesteht: mit seinem ganz eigenen Potenzial.

2.2 Neugier wecken

Die Neugier eines Kindes kann mittels kindgerechten Lernmaterials geweckt und gleichzeitig gefördert werden. Auch hier steht wieder die praktische Erfahrung (lebensnahe) vor dem theoretischen Lernen. Durch das Lernmaterial wird das Kind vor altersgerechten, auf seine persönlichen Bedürfnisse abgestimmte Herausforderungen gestellt und kann die neuen Fähigkeiten sofort in die Tat umsetzen. Dabei sind Eigenmotivation und Konzentrationsfähigkeit gefragt und gleichzeitig lernt das Kind selbstständig. Da die Umwelt eines Kindes seine Entwicklung fördern soll, wird den Kindern vor der Benutzung des kindgerechten Lernmaterials dessen Gebrauch einmal kurz erklärt. Dann macht sich das Kind an die Umsetzung. Die Devise lautet Spaß am Entdecken der Lernmaterialien. Näheres zu den Arbeitsmaterialien finden Sie im Kapitel unter Schritt 4.

2.3 Kinder fördern

Mit der Montessori Pädagogik werden Kinder nicht nur auf einer Ebene gefördert, sondern ganz gezielt und individuell auf jedes Kind abgestimmt. Mit dieser speziellen Förderung sollen die Eigenkräfte des Kindes voll entfaltet werden, damit es sich zu einer selbstständigen Persönlichkeit entwickeln kann. Der Blick ist stets auf das Kind gerichtet, allerdings unterstützend und beobachtend, damit keine äußeren Umstände seine Entwicklung negativ beeinflussen können. Wichtig hierfür ist eine vorbereitete Umgebung sowie eine modern denkende Erzieherin bzw. im privaten Bereich Mutter/Vater. Die vorbereitete Umgebung ist wichtig für das wahrnehmende Lernen, modernes Denken hilft, dem Kind eine geplante Umgebung zu schaffen, die einzig allein dem Kind gehört.

Dabei wird dem Kind ausschließlich Hilfestellung geleistet. Kinder denken durch Wahrnehmung, und darum sind individuelle Förderungen durch eine vorbereitete Umwelt mit kindgerechtem Lernmaterial unerlässlich.

2.4 Akzeptiere dein Kind, wie es ist

Maria Montessori hat ein ganz eigenes Bild vom Kind skizziert. Sie sind selbstbildungsfähig, aktive Lerner in ihrem eigenen Lerntempo, ein Kind und kein Erwachsener ist, das auf seine Art lebt, lernt und denkt und die Umgebung muss sich an das Kind anpassen, damit es eine optimale körperliche sowie seelische Entwicklung erfährt. Um in gegenseitigem Respekt und friedvollem Miteinander mit Ihrem Kind zusammenleben zu können, müssen Sie es als eigenständige Persönlichkeit betrachten sowie alle seine Schwächen und Stärken akzeptieren. Maria Montessori war sich sicher: Ein Kind kann alles werden, es benötigt lediglich eine Ordnung, Zuneigung, Geborgenheit, Liebe, freie Wahl in seinen Tätigkeiten und Regeln. Als liebende Mutter dürfte es Ihnen nicht schwerfallen, respektvoll mit Ihrem Kind umzugehen. Sie müssen nur den Blickwinkel ein wenig ändern und schon geben Sie Ihrem Kind die Möglichkeit, sich mit liebevoller Begleitung frei entwickeln zu können.

2.5 Kosmische Erziehung

Die kosmische Erziehung gehört zu den Grundprinzipien der Montessori Pädagogik und umfasst die Bereiche Physik, Bio, Chemie, Erdkunde und Geschichte. Mittels dieser Erziehung sollen die Kinder ein sehr gutes Allgemeinwissen bekommen.

Das beruht auf der von Maria Montessori aufgestellten Ordnung für Kinder, damit sie nichts Zusammenhangloses lernen, sondern von Beginn an die Gesetzmäßigkeiten und den Zusammenhang des Kosmos verstehen. Dabei war es Maria ein Anliegen, dass sie nicht nur das Wissen über den Kosmos erfahren, sondern sich über dessen Existenz bewusstwerden und die Wechselbeziehungen von Menschen und Tier verinnerlichen. Die kosmische Erziehung beginnt in der Regel mit der Entstehung der Erde und des Lebens, geht über zum

Weltall mit seinen Konstellationen, umfasst dann den großen Bereich Zeit. Zeiträume werden kindgerecht erfassbar gemacht mittels vieler praktischen Lernmaterialien und mit vielen interessanten Geschichte und Erzählungen darüber. Letztlich werden in die kosmische Erziehung in regelmäßigen Abständen fremde Kulturen sowie Gewinnungs- und Herstellungsverfahren sämtlicher Produkte eingebaut. Positiver Nebeneffekt dieser Erziehung ist die Unterstützung der Kinder, ihren eigenen Platz in unserer großen weiten Welt zu finden. Durch das Wissen um den eigenen Standpunkt kann das Kind begreifen, welche Verantwortung es mit seinem Handeln trägt und entwickelt dadurch Solidarität.

2.6 Lernen aus Eigenmotivation und Erfahrung

Der oberste Leitsatz „Hilf mir, es selbst zu tun" fordert die Kinder dazu auf, Hürden im Alltag selbst zu meistern. Unter diesem Leitsatz lernen die Kinder, alltägliche Hürden selbstständig in Angriff zu nehmen, ohne ihnen aus dem Weg zu gehen. Außerdem fördert das Vorgehen, Kinder nicht zum Nachahmen, sondern zum Sammeln eigener Erfahrungen zu bringen, den Lernprozess und das Lernbedürfnis der Kinder. Aus diesem Grund setzt die Montessori Pädagogik, zu Hause oder in einer Einrichtung auf Freiarbeit ohne Druck.

So bekommen die Kinder viel Freiraum zum selbstbestimmten Entdecken und sie können ganz allein ihre Schlussfolgerungen aus dem Ergebnis ziehen. Maria Montessori sagt, dass Kinder von Geburt an neugierig sind und am Leben der „Großen" teilnehmen möchten. Schon deswegen würden sie aus eigener Motivation heraus lernen. Durch das in Montessori Einrichtungen eingeführte Lerntagebuch, in das die Kinder regelmäßig ihre Lernerfolge notieren, reflektieren sie das Gelernte und werden wiederum zu neuen Aufgaben motiviert. Sie erkennen, was sie aus eigener Kraft und Leistung geschafft haben, das fördert die Motivation und die Lust am freien Lernen. Dadurch, dass „Montessori Kinder" mit allen Sinnen und durch Begreifen lernen, lernen sie aus Erfahrung. So ist es zum Beispiel nicht gut, wenn Sie durch Eingießen eines Glases Saft Ihrem Kind zeigen, wie es geht. Kinder möchten selbst versuchen, Saft in ein Glas zu gießen. Je besser dieser Vorgang funktioniert, je mehr lernen sie, wie man es richtig macht.

2.7 Kinder niemals mit anderen vergleichen

Viele Eltern machen häufig ganz unbewusst den Fehler, dass sie ihr Kind mit anderen Kindern im gleichen Alter vergleichen. Das beginnt meist in der Krabbelgruppe, wenn stolze Mütter damit angeben, was ihr Kind schon alles kann. Da möchte natürlich jeder das frühreifste Kind haben, sodass alle mit den Fähigkeiten ihres Kindes nachziehen und sicher auch ein wenig übertreiben. Dabei ist nach der Geburt jeder Mensch ein Individuum mit seiner eigenen Entwicklung in dem Tempo, das der Körper vorgibt. Ein Vergleich kann für Kinder verheerende Auswirkungen haben, dann nämlich, wenn die Mutter oder Eltern aus falschem Stolz ihr Kind zu etwas bringen möchten (z.B. schneller krabbeln, laufen lernen oder sprechen), aber der Nachwuchs dazu körperlich noch nicht dazu in der Lage ist.

Das endet rasch in Überforderung und manchmal sogar bei körperlichen Einschränkungen, wenn bestimmte Sehnen oder Knochen nicht altersgerecht beansprucht werden. Das gleiche gilt für alle Kinder jeder Altersgruppe. Bei älteren Kindern besteht die Gefahr, dass sie etwaige Vergleiche mitbekommen und dadurch an Selbstbewusstsein verlieren können, weil sie das Gefühl haben, sie wären fehlerhaft. Es ist für die kindliche Entwicklung enorm wichtig, dass die Kinder ganz individuell nach ihrem jeweiligen Leistungsstand gefördert werden und ihnen bewusst macht, dass sie so, wie sie sind, besondere Menschen und eine kleine/große Persönlichkeit sind. Kinder verdienen so geliebt und akzeptiert zu werden, wie sie sind. Schließlich erwarten wir Erwachsenen das auch von anderen. Zudem entsteht bei einem Vergleich ein hoher Druck, der auf dem Nachwuchs lastet, und es besteht die Gefahr, dass das Kind aus dem eigenen Lerntempo gerät. Maria Montessori wollte, dass Kinder frei aufwachsen und sich frei entwickeln. Wird ein Kind nun mit einem anderen verglichen, wird es versuchen, sich anzupassen und ist nicht mehr frei in seiner ganz persönlichen Entwicklung. Letztlich lernen die Sprösslinge, die ständig verglichen werden nie, dass es völlig in Ordnung ist, wenn sie nicht immer erster im Leben sind. Sie werden stets versuchen, die Besten zu sein und automatisch Perfektionismus an den Tag legen. Das erhöht die Gefahr, später unter Depressionen oder Burn-out zu leiden.

2.8 Grenzen und Regeln

Sicher, die Entscheidung, sein Kind mit der Montessori Pädagogik zu erziehen, bedeutet Freiheit bei den Lernmitteln, das eigene Lerntempo der Kinder zu akzeptieren und ihnen möglichst viele freie Entscheidungen zu lassen. Aber selbstbestimmt zu lernen heißt nicht automatisch, dass Montessori Kinder keine Grenzen und Regeln auferlegt bekommen – nur anders und vor allen Dingen liebevoll.

Die Grenzen hat Maria sehr klar gesetzt, damit Kinder sie verstehen und anwenden bzw. umsetzen können. Im Blick stets der Respekt vor der natürlichen psychischen, sozialen sowie körperlichen Entwicklung jedes einzelnen Kindes. Die Regeln und Grenzen in der Montessori Pädagogik sind niemals ungerecht, eher unterstützend und hilfreich für die

Entwicklung. Es geht hierbei um die Förderung der inneren kindlichen Disziplin, die es für das ganze Leben benötigt. Da es um ein friedvolles Miteinander geht, werden Regeln und Grenzen von den Kindern gut angenommen, da es um die Gemeinschaft geht, in der jeder Einzelne etwas beitragen sollte. Maria Montessori drückte es folgendermaßen aus:

„Auf dem Weg seiner Erziehung braucht das einzelne Kind immer wieder gezielte Hilfe durch den Erwachsenen. Hilfe durch Anregung, Zuwendung, Zumuten, Vertrauen, Halten und Grenzen setzen." [3]

Die Regeln und Grenzen in der Montessori Pädagogik werden im Übrigen mit den Kindern gemeinsam erarbeitet. Sollten dennoch Konflikte entstehen, werden diese in Gruppengesprächen und Rollenspielen gelöst, das nennt sich Übungen des sozialen Umgangs. Das gemeinsame Entwickeln von Regeln sorgt dafür, dass es weder Gewinner noch Verlierer gibt, die persönliche Individualität wird geachtet. Es gibt vier bestimmte Regeln, die Kinder in einer Montessori Einrichtung einhalten müssen. Diese sind

- Störe niemanden bei der Arbeit!
- Benutztes Material wird nach der Arbeit sofort an seinen Platz gebracht!

- Wir verletzen niemanden, weder mit Taten oder Worten!
- Auf mich und andere achten!

Darüber hinaus gibt es Regeln, die sich an Erzieher, Pädagogen und Eltern richten.

- Eltern stehen in der Pflicht, sowohl ihren eigenen sozialen und emotionalen Kompetenzen Aufmerksamkeit zu schenken wie denen ihrer Kinder
- Erziehen Sie Ihr Kind ausgeglichen. Sagen Sie nicht immer nein, aber auch nicht immer ja. Manchmal dürfen Sie ein Auge zudrücken. Grenzen müssen klar definiert und gelebt werden, dabei immer das Gleichgewicht im Auge haben.
- Versetzen Sie sich stets in die Lage des Kindes. Versuchen Sie immer, seinen derzeitigen Geisteszustand zu verstehen.
- Wenn es mal zu Konfliktsituationen kommt, besonders im privaten Bereich, immer ruhig bleiben. Mit Aggressionen und/oder Gewalt helfen Sie dem Kind nicht weiter. Ganz im Gegenteil, so ein Verhalten wirkt kontraproduktiv und das Kind macht im schlimmsten Fall „dicht", es verweigert die Zusammenarbeit.

- Manchmal ist es völlig in Ordnung, wenn Grenzen überschritten werden. Wenn es mal zu so einer Situation kommt, wägen sie ab, ob die Nichteinhaltung negative Entwicklungen für das Kind mitbringt oder nicht. Werden Sie flexibel, aber dennoch in Ihrer weiteren Erziehung konsequent.
- Wenn Kinder erwachsen werden, akzeptieren sie Grenzen nicht mehr, ohne mit Ihnen zu diskutieren. Hier ist es wichtig, den Kindern zuzuhören, sie ernst zu nehmen, sich an der Diskussion zu beteiligen, aber stets mit der nötigen Sicherheit und einer Erklärung, warum die Grenzen nötig sind.

2.9 Routine und Rituale sind unverzichtbar

Wahrscheinlich wissen alle Eltern, dass bestimmte Rituale wichtig sind für eine gesunde seelische und körperliche Entwicklung des Kindes. Dazu gehört die abendliche Gute-Nacht-Geschichte, der Kuss zum Abschied im Kindergarten oder der Schule sowie der feste Sitzplatz am Esstisch. Rituale und Routine geben Kindern Orientierung, eine gewisse Struktur sowie Sicherheit im Leben. In Kindergärten und Schulen sind solche Regeln unter anderem die morgendliche Begrüßung, wöchentliche Lesestunden oder das Hochstellen der Stühle nach Schulschluss. Rituale können auch jahreszeitabhängig sein. So freuen sich Kinder zum Beispiel darauf, jedes Jahr zu Ostern die Eier zu bemalen, an Weihnachten Baumschmuck zu basteln oder im Herbst bunte Blätter zu sammeln. Anhand dieser Rituale finden die Kleinen schnell in den familiären oder Gruppenalltag. Wäre der Tag ohne Routine und Rituale versehen, kämen Kinder damit nur schwer zurecht und sie stünden vor einer großen Herausforderung. Sie fühlen sich einfach wohler, wenn sie wissen, was sie für den Tag erwartet. Dann sind neue Aufgaben oder Erlebnisse weniger schlimm und werden besser angenommen. Die Entwicklung von Routinen und Ritualen sorgt für das kindliche Bewusstsein, dass es sie beherrscht und ausführen kann. Diese dabei entstehende innere Ruhe sorgt für Ausgeglichenheit bis ins Erwachsenenalter.

2.10 Neun Sinne entdecken

Normalerweise kennen wir fünf Sinne, die uns mit der Außenwelt in Berührung bringen. Maria Montessori jedoch ist in Forschungen und Studien auf insgesamt neun Sinne gestoßen, indem sie die üblichen 5 Sinne noch mal untereinander in feine Glieder zerlegt hat. Im Blick hatte sie natürlich stets die Kinder, die sie auch während dieser Forschungen genau beobachtet hat.

Und Maria Montessori hat es geschafft, für jedes dieser neun Sinne ein Montessori Arbeitsmaterial zu kreieren. Nachfolgend die von Maria Montessori „entdeckten" Sinne:

1. Der Gehörsinn

Mittels dieses Sinnes können Kinder Akustik wahrnehmen, sie unterscheiden und zuordnen. In unserem modernen Zeitalter ist die akustische Wahrnehmung überwiegend auf Hören, Zuordnen und darauf reagieren reduziert. Vor Urzeiten war unser Gehör sehr wahrscheinlich ausgeprägter. Da wir jedoch nicht mehr so viel Gefahren ausgesetzt sind wie beispielsweise die Neandertaler, haben sich nicht genutzte Fähigkeiten unseres Gehörs zurückgebildet. In der Montessori Pädagogik wird der Gehörsinn durch Geräuschdosen gefördert. Näheres dazu später.

2. Der Geruchssinn

Die Wahrnehmung des Riechens erstreckt sich über sämtliche Wahrnehmungen, die über oder mit der Nase aufgenommen werden. Vor rund 500 Jahren hing das Überleben oder zumindest das gesund bleiben von der Nase ab, denn ohne Strom ist keine Kühlung von Lebensmitteln möglich. Anhand einer Riechprobe konnte festgestellt werden, ob das Lebensmittel noch haltbar ist oder nicht. Heute nehmen wir bewusst Düfte und Gerüche aus der Außenwelt wahr wie Parfum, Blumen, aber auch Autoabgase und Zigarettenrauch.

In der Montessori Pädagogik wird mit Geruchsdosen gearbeitet.

3. Der Geschmackssinn

Geschmäcker erkennen wir an der Kombination unserer Zunge, dem Mund und der Nase. Denn was nicht gut riecht, essen wir nicht gerne und sauer oder süß erkennen wir mit der Zunge. Jeder Mensch kann die Geschmacksrichtungen unterscheiden, allerdings ist das jeweilige Empfinden subjektiv. Um den Geschmackssinn zu trainieren, wird in der Montessori Pädagogik mit Geschmacksfläschchen gearbeitet.

4. Der Formen- und Figurensinn

Die Unterscheidung von verschiedenen Formen, Körpern und Figuren geschieht mittels visueller Wahrnehmung. Dieser Sinn ist eine Teilfunktion des Sehsinnes, nur nicht sehr geläufig. Der Formen- und Figurensinn wird durch das Zusammenspiel von Gehirn und den Augen ermöglicht. So können wir mit dem Auge erfasste Gegenstände als Formen erkennen und sie zuordnen. Deswegen ist es uns möglich, ein Fenster als Viereck und einen Autoreifen als Kreis zu erkennen. In der Montessori Pädagogik wird hier mit dem Schattierungskasten gearbeitet.

5. Der Gewichtssinn

Maria Montessori hat der Wahrnehmung und Unterscheidung von Gewichten sowie dessen Unterschieden einen eigenen Sinn zugeordnet. Natürlich ist das subjektive Empfinden, was

Gewichte betrifft beziehungsweise die Wahrnehmung von leicht und schwer unterschiedlich. Aber ein Kilo sind ein Kilo und da macht es keinen Unterschied, ob es sich um Federn oder Bücher handelt, denn die Gewichtskraft ist bei beiden gleich. Schwieriger zu bewältigen sind Aufgaben, bei denen gleichschwere Gewichte herausgefunden werden müssen. Hier arbeitet die Montessori Pädagogik mit Barischen Brettchen.

6. Der Gesichtssinn

Dieser Teilsinn ist nach Maria Montessori dem Sehsinn untergeordnet. Es geht um das Erkennen von Farben und deren verschiedenen Dimensionen. Hierfür eignen sich besonders farbige und knopflose Zylinder (Zylinder aus Holz in unterschiedlichen Größen und Farben).

7. Der Tastsinn

Dank des Tastsinns können wir unterschiedliche Strukturen von Oberflächen erfassen und sie zuordnen. Das funktioniert auch mit geschlossenen Augen und ist besonders für blinde Menschen ein überlebenswichtiger Sinn. Wer bewusst fühlen möchte, sich ganz und gar diesem Sinn hingeben, der muss die Augen schließen und möglichst auch die Ohren zuhalten beziehungsweise mit Watte oder Ohrstöpseln kurzzeitig verschließen. So sind wir konzentrierter und erraten Gegenstände schneller und genauer. In der Montessori Pädagogik wird hier mit einer Sinneswand gearbeitet.

8. Stereognostischer Sinn

Dieser Sinn ist eine Kombination aus zunächst ertasten und dann erfühlen mit verbundenen oder geschlossenen Augen. Das Zusammenspiel des Muskelgedächtnisses sowie der Wahrnehmung von Oberflächen geben uns ein klares Bild vom ertasteten und erfühlten Gegenstand. Natürlich funktioniert der Sinn auch mit offenen Augen, nur dann ist die Wahrnehmung geringer. In der Montessori Pädagogik wird dieser Sinn mit geometrischen Körpern trainiert.

9. Der Wärmesinn

Dieser Sinn sorgt für die teils überlebenswichtige Unterscheidung von heiß und kalt und den unterschiedlichen Temperaturen des Wetters. Aufgrund seiner Wichtigkeit hat Maria Montessori diesen Sinn als einen eigenen erkannt. Den Unterschied zwischen den Temperaturen lassen uns Nerven und Thermorezeptoren erkennen. In der Montessori Pädagogik wird hier mit Wärmeleittafeln gearbeitet.

2.11 Geduld und Zeit

„Gut Ding will Weile haben". Dieses altbekannte Sprichwort ist wahrscheinlich jedem bekannt und hat sich oft bewährt. Gerade in der Montessori Pädagogik ist dieses Sprichwort Goldwert, denn jedes Kind benötigt seine eigene Zeit, um sich in bestimmten Fähigkeiten zu entwickeln. Erst wenn die eine

Fähigkeit abgeschlossen wurde, ist das Kind bereit für die nächste Entdeckung. Maria Montessori drückte es so aus:

„Hab Geduld, meine Wege zu begreifen, sie sind vielleicht länger, vielleicht brauche ich nur mehr Zeit, weil ich mehrere Versuche machen will." [4]

Geduld bringt nicht nur Kinder auf den richtigen Weg, sondern hilft uns Erwachsenen ebenfalls. Ungeduld und aufsteigender Ärger verklären den Blick, blockieren das logische Denken und das Finden von Lösungen. Außerdem überträgt sie sich auf unser Umfeld. Kinder merken das und werden unsicher. Mit Geduld können Kindern auf optimale Weise Werte vermittelt und ihr Verhalten auf sanfte Weise korrigiert werden. Wenn Sie Geduld aufbringen möchten, heißt das nicht, sich selbst aufzugeben oder gegen Ihren Charakter anzukämpfen. Geduld ist der ideale Ausgleich zwischen innerem Gleichgewicht angepasst die jeweilige Situation mit seinem Kind, um gemeinsam zu einem Ziel zu gelangen. Ungeduld verschlechtert zudem die Beziehung zu Ihrem Kind und die Distanz kann sich mit der Zeit vergrößern. Versuchen Sie, gerade in ungünstigen oder schwierigen Situationen, Schritt für Schritt Geduld zu üben. Das ist zum Beispiel bei der morgendlichen Anziehroutine, wenn Ihr Kind mal wieder trödelt und die Zeit vergisst, aber die Schule in fünf Minuten beginnt. Oder wenn Ihr Kind mal wieder länger für die Lösung bei einer Hausaufgabe benötigt, Sie jedoch gleich mit ihm zur Musikschule müssen. Holen Sie tief Luft und überlegen Sie sich, ob es sich lohnt, Ihr Kind zu hetzen oder zu tadeln, weil es so lange braucht. Geben Sie ihm die Zeit, die es braucht und wenn Sie mal fünf Minuten später zur Musikschule kommen, geht davon die Welt nicht unter. Wenn Ihr Kind morgens trödelt, wecken Sie es früher und begleiten es durch die morgendliche Routine. Lassen Sie nicht zu, dass Ihr Kind durch Ihre Ungeduld den Respekt, die Nähe oder gar das Vertrauen zu Ihnen verliert.

Kinder sind nicht von Geburt aus mit Geduld ausgestattet, es ist eine Fähigkeit, die sie lernen müssen. Dreijährige können noch nicht ruhig in der Schlange an der Kasse stehen, ohne zu nörgeln oder ständig zu fragen, wann es weitergeht. Sie können es ihm beibringen, Schritt für Schritt und mit viel Geduld. Von Achtjährigen Kindern kann man durchaus erwarten, dass sie zwanzig Minuten im Wartezimmer beim Kinderarzt ruhig warten oder sich mit Bilderbüchern beschäftigen. Kinder müssen verstehen lernen, dass nicht immer sofort auf ihre Wünsche oder Anliegen eingegangen werden kann. Geduld kann in kleinen Schritten und altersgerecht trainiert werden. Dafür gibt es sechs Möglichkeiten, die leicht verständlich sind und auch in den Alltag integriert werden können.

1. Mit Gesellschaftsspielen spielend lernen

Brettspiele sind ein prima Anfang, um mit Kindern Geduld zu üben. Mensch ärger dich nicht oder das Gänsespiel sind tolle Geduldsspiele, denn wenn Ihr Kind seine Figur gesetzt hat, muss es warten, bis alle anderen ebenfalls ihre Figur gesetzt haben.

2. Die Zeit verdeutlichen

Kinder bekommen erst mit ungefähr sechs Jahren ein Gefühl für die Zeit. Bis dahin wissen sie nicht, wie lange fünf Minuten sind und zehn Minuten fühlen sich an wie eine Ewigkeit. Um Kindern zu helfen, ein Zeitgefühl zu vermitteln, helfen Sanduhren oder Eieruhren. Oder wenn Sie mit Ihrem Kind einen Termin haben, kann die Stoppuhr eingesetzt werden, damit Ihr Kind weiß, wann Sie losmüssen.

3. Fangen Sie klein an

Wenn Ihr Kind etwas von Ihnen möchte und Sie gerade noch etwas beenden müssen (Essen vorbereiten, einen Brief beenden) bitten Sie Ihr Kind, einen kleinen Moment zu warten. Je jünger das Kind ist, desto kürzer sollte die Wartezeit sein. Anfangs reichen zwanzig Sekunden, die Sie mit fortschreitendem Alter Ihres Kindes verlängern.

4. Wartezeiten ausnutzen

Warten gehört zum Alltag und das können Kinder ruhig wissen. Wenn Ihr Kind beim Anziehen auf Sie wartet oder Sie beim Einkaufen in der langen Schlange stehen, nutzen Sie die Zeit anderweitig. So wird Ihr Kind nicht ungeduldig und es langweilt sich nicht. Spielen Sie je nach Alter „Ich sehe was, dass du nicht siehst", zählen Sie alle Menschen mit gelben Jacken oder lesen im Wartezimmer ein Buch mit Ihrem Kind.

5. Stets ein Vorbild bleiben

Egal, was immer Sie auch machen, leben Sie Ihrem Kind Geduld vor. Wenn Sie im Beisein Ihres Kindes auf etwas warten, beschäftigen Sie sich selbst mit irgendeiner Aufgabe. Wischen Sie kurz Staub, blättern in einer Zeitschrift oder unterhalten sich mit Ihrem Kind. So fällt es ihm leichter, selbst Geduld zu üben.

6. Verlässlichkeit zählt

Wenn Sie nach einer vorher vereinbarten Wartezeit Ihrem Kind etwas versprochen haben, müssen Sie es auch einhalten, damit Ihr Kind weiß, dass Geduld sich auszahlt. Beispielsweise haben Sie ihm gesagt, dass Sie nach dem Abwasch zusammenspielen, dann tun Sie das danach. Wenn Sie ihm nach dem Einkauf versprochen haben, auf den Spielplatz zu gehen, dann gehen Sie danach auf den Spielplatz. Genauso verhält es sich, wenn Sie gesagt haben, dass Sie in fünf Minuten losgehen. Dann dürfen keine zehn Minuten daraus werden, ganz gleich, ob Ihr Kind schon ein Zeitgefühl besitzt oder nicht.

2.12 Aufgaben zutrauen und vertrauen

Maria Montessori wusste ganz genau, dass Kinder zu unglaublichen Dingen fähig sind, wenn man sie nur lässt. Das gilt in erster Linie für eingeschränkte Kinder, aber natürlich auch für gesunde. Nach Marias Ansatz sollten Eltern und Erzieher/ Pädagogen aufhören, ständig einzugreifen, wenn Kinder nicht weiterkommen oder ihnen gar nicht erst bestimmte Aufgaben geben, weil sie denken, die Kinder wären damit überfordert. Kinder müssen selbst lernen, Erfahrungen machen und auch mit Misserfolgen zurechtkommen. Maria Montessori sagte zu diesem Thema:

„Allein das Kind weiß, was seiner Entwicklung nottut." [5]

Und genau so ist es. Nur das Kind weiß, wann es für bestimmte Fähigkeiten bereit ist und wann diese Entwicklung abgeschlossen ist. Das beginnt bereits beim Laufen lernen. Wenn andere Kinder mit 14 Monaten schon laufen können, dann ist das prima. Wenn das eigene Kind erst mit 17 Monaten Anstalten macht zu laufen, dann ist es so. Dann hat dieses Kind noch ein bisschen Zeit gebraucht, sich dafür bereit zu machen. Kinder lernen laufen, wenn sie dazu bereit sind – und nicht, wenn wir es wünschen. Ebenso verhält es sich mit Lernmaterialien oder Lernspielzeug. Wenn sie ein bestimmtes

Spiel oder ein bestimmtes Material wochenlang liegen lassen, sind sie noch nicht bereit dazu. Legen Sie es aber immer wieder hin, irgendwann wird es sich damit beschäftigen. Kinder können in vielen Situationen unser Vertrauen bekommen, wir müssen es nur ihm zuliebe zulassen. Beispiel: Wenn Ihr die Suppe heute mal ohne Lätzchen essen möchte und Sie sich rückversichern, ob es sich das zutraut und Ihr Kind bejaht diese Frage, lassen Sie das Lätzchen weg. Wenn dennoch Flecken auf das Oberteil gelangen, ist das völlig in Ordnung. Schließlich war es ein Versuch Ihres Kindes und nur so lernt es dazu. Sie bekommen unser volles Vertrauen dafür, für Flecken gibt es Waschmaschinen. Wir können nicht ständig auf unsere Kinder aufpassen, deswegen sind eigene Erfahrungen unabdingbar für ihre Entwicklung. Und wenn sie mal wehtun, dann müssen wir es in Kauf nehmen. Lassen Sie Ihr Kind schnell durch den Wald laufen, wenn es das möchte. Wenn es hinfällt, bekommt es vielleicht eine Schramme oder kleine Wunde. Aber Ihr Kind wird es sich merken. Wir haben erfahren, dass jedes Kind wertvoll ist mit seiner Persönlichkeit und recht darauf hat, so akzeptiert zu werden. Darum ist es in Ordnung, wenn Kinder nicht oder noch nicht alles können. Sie sind wunderbar und einmalig in jedem Stadium ihrer Entwicklung. Das hören Kinder gerne, egal, ob von den Eltern oder den Pädagogen.

2.13 Diese Rolle haben die Eltern

Wie bereits weiter oben erwähnt ist es wichtig, dass Eltern im Einklang mit der Methode von Maria Montessori sind. Sie sollten Ihr Kind zu Hause nach diesen Maßstäben erziehen und einverstanden sein, dass Pädagogen und Erzieher das Kind in einer Montessori Einrichtung ebenfalls so erziehen.

Eine freie, selbstbestimmte Erziehung nach Montessori wird nicht den gewünschten Erfolg bringen, wenn die Eltern nicht dahinterstehen oder sogar dagegen arbeiten. Das Kind wäre hin- und hergerissen und würde nie seinen Standpunkt im Leben finden. Wenn sich Eltern für diese Art von Pädagogik entscheiden, müssen sie sich in jeder Situation in ihr Kind hineinversetzen können. So wird die Kreativität des Kindes nicht eingeschränkt und sie fühlen sich geborgen. Dadurch, dass Eltern mit den Pädagogen kooperieren, wird die freie Persönlichkeitsentwicklung der Kinder gefördert.

2.14 So unterstützen Sie Ihr Kind

Wichtig ist, wie eben erwähnt, dass die Eltern mitarbeiten. Und das nicht nur in der gemeinsamen Erziehung, sondern auch aktiv in der Montessori Einrichtung. Die Zusammenarbeit zwischen Eltern und Pädagogen ist an diesen Einrichtungen sehr eng und erwünscht. Bevor sie einen Vertrag mit der jeweiligen Einrichtung abschließen, werden Eltern explizit auf diesen Punkt hingewiesen. Eltern müssen also in der Lage und gewillt sein, aktiv in der Einrichtung zu helfen, damit das Kind sich selbstbestimmt und frei entwickeln kann. Diese Elternarbeit ist für die Entwicklung der Kinder sehr wichtig, wenn sie sehen, dass ihre geliebten Bezugspersonen oft in der Schule sind und sich für ihre Belange interessieren. Die Arbeitsmaterialien, mit denen sich das Kind in der Einrichtung beschäftigt, sollten ebenfalls zu Hause zu finden sein. Das schafft Vertrauen, Geborgenheit und hilft dem Kind, seine Fähigkeiten auszubauen.

SCHRITT 3

VORBEREITETE UMGEBUNG UND WOHNRAUMGESTALTUNG

„Das Leben anzuregen - und es sich dann frei entwickeln zu lassen - hierin liegt die erste Aufgabe des Erziehers.“

Maria Montessori

3.1 Grundprinzipien

Die Gestaltung der Wohnräume sollte dem Kind angepasst sein. Es muss die Möglichkeit haben, jederzeit an die Gegenstände oder Sachen zu kommen, die es benötigt oder mit denen es sich beschäftigen möchte. Das gleiche gilt für das Erreichen von Anziehsachen, auch im Flur für Schuhe, Jacken und die Mütze. Die kindgerechte Wohnraumgestaltung fördert die Selbstständigkeit und steigert das Selbstvertrauen, da das Kind eigenständig bestimmte Arbeiten oder Vorgänge selbst verrichten kann. Außerdem macht es den Alltag der Eltern leichter, wenn sie nicht ständig dem Kind alles reichen müssen. Der Sicherheitsaspekt steht im Vordergrund, damit eine Verletzungsgefahr von vornherein ausgeschlossen wird. Selbst die Klassenzimmer einer Montessori Schule sind nicht so aufgebaut wie herkömmliche Klassenzimmer. Sie erinnern nicht an Schule oder starres Lernen, unterliegen keiner vorgegeben Struktur. Vielmehr ist eine Montessori Schule wie ein großes Kinderzimmer eingerichtet, in den Kommoden an der Wand liegen sämtliche Arbeitsmaterialien für die Kinder, die diese größtenteils selbstständig holen und wieder zurückbringen.

3.2 Praktische Umsetzung

3.2.1 Der Flur

Neben der Garderobe der Eltern sollte sich ein Lernturm oder eine Kindergarderobe für das Kind befinden. Es ist wichtig, dass dort sämtliche Anziehsachen aufbewahrt werden, damit es alles nötige gleich findet und nicht erst noch an einen anderen Ort laufen muss, um beispielsweise den Schal oder die Schuhe zu holen. Ein sogenannter Lernturm ist selbst gebaut und besteht aus zwei bis fünf Elementen, meist kommodenartig.

Sie haben natürlich eine kindgerechte Höhe. Sie sind abwechselnd mit Brettern und Haken versehen und haben keine Türen. So kann das Kind auf den Brettern in Boxen oder Kartons Kleinigkeiten wie Mütze, Handschuh und Schal verstauen. An die Haken werden die Jacken gehängt, die Schuhe finden ihren Platz in einem Fach unter den Jacken. Kindergarderoben sind ähnlich den selbst gebauten Lerntürmen, oft finden sich aber Garderobenhaken getrennt von den Schränken und sind mit Tieren oder ähnlichen Figuren versehen. Sollte der Spiegel im Flur zu hoch hängen, kann direkt über dem Lernturm ein kleiner runder Spiegel angebracht werden, damit das Kind sich betrachten kann. Ebenfalls sehr nützlich, aber kein Muss: ein eigener Schirmständer. Manche Kinder finden es bequemer, sich beim

Schuhe anziehen hinzusetzen. Hier schafft eine kleine Bank oder ein Kinderstuhl Abhilfe.

3.2.2 Das Badezimmer

Zwar halten wir uns in der Regel tagsüber nicht oft im Badezimmer auf, wenn es jedoch um die Verrichtung wichtiger Vorgänge geht, sollte das Kind sie möglichst selbstständig ausführen können. Das beginnt beim Zähneputzen. Das kindliche Zahnputzzeug darf natürlich auf dem Armaturenbrett neben den anderen Putzbechern stehen, muss aber für das Kind mühelos erreichbar sein. Dafür kann dem Kind ein sicherer, rutschfester Kinderhocker unter das Waschbecken gestellt werden, den es jederzeit nehmen und sich zum Gesicht/ Hände waschen und Zähne putzen drauf stellen kann. Eine Handtuchhalterung für den Nachwuchs wird etwa in Höhe des Waschbeckens direkt daneben aufgehängt. Diesen Hocker kann das Kind auch für den Toilettengang benutzen, denn manchmal sind Kinder noch zu klein, um sicher auf die Toilette zu kommen. Wenn es die Gestaltung und Größe des Badezimmers zulässt, ist das Anbringen eines kleinen Spiegels für das Kind ideal. Falls es dazu keine Möglichkeit gibt, sollte dem Kind zum Zähneputzen ein Schminkspiegel auf das Waschbecken gestellt werden, damit es sich dabei beobachten kann.

3.2.3 Das Wohnzimmer

Die Gestaltung des Wohnzimmers sollte stets so sein, dass das Kind merkt, auch in diesem Raum willkommen zu sein. Oftmals sind Wohnzimmer ausschließlich für „Große" eingerichtet und einige Eltern mögen es nicht, wenn sich dort Spielzeug oder ähnliches befindet. Das ist für die Integration des Kindes in der Familie jedoch wichtig. Es muss sich wohlfühlen und akzeptiert. Es muss nicht viel an Material oder Spielzeug für das Kind im Wohnzimmer sein, eine kleine Spielecke mit einem Spielteppich oder ein Kindertisch mit Stühlen zum Malen oder Basteln genügt völlig. Ebenfalls wichtig, dass das Kind nicht mit seinen Spielsachen oder Arbeitsmaterialien allein gelassen wird. Wenn es mit Ihnen zusammen etwas machen möchte, sollten Sie dazu bereit sein und nicht etwa Fernsehen schauen oder sich mit Handarbeiten beschäftigen. Setzen Sie sich mit dem Kind auf die Spieldecke oder entdecken Sie anhand von Bilderbüchern oder ersten Lesebüchern gemeinsam neue Welten. Ebenfalls ideal für Kinder im Wohnzimmer ein eigenes Bücherregal auf Augenhöhe. So kann das Kind, wenn es möchte, sich jederzeit selbst ein Buch herausnehmen und vielleicht sogar neben Ihnen auf dem Sofa sein Buch lesen und Sie lesen Ihr Buch. Ihr Kind wird sich mit dieser Geste sehr erwachsen fühlen und obwohl jeder sein Buch liest, verbringen Sie Zeit miteinander.

3.2.4 Das Kinderzimmer

Das Kinderzimmer sollte natürlich das Zimmer der Wohnung sein, das zu 100 Prozent kindgerecht eingerichtet ist. Nicht nur, was die Förderung der Selbstständigkeit betrifft, sondern vor allem die Sicherheit des Kindes. Eltern können sich aus verschiedenen Gründen nicht jede Minute im Kinderzimmer aufhalten, sie müssen mal ins Badezimmer oder nach dem Essen auf dem Herd schauen. Daher sollte alles so angeordnet sein, dass besonders Kleinkinder nirgends raufklettern, herunterfallen oder sich verletzen können.

Bevor Sie das Kinderzimmer einrichten, versuchen Sie, das Zimmer mit den Augen Ihres Kindes zu betrachten. Wie alt ist das Kind, kann es schon laufen oder krabbelt es noch? Zieht es sich an Gegenständen und Möbeln hoch oder kann es allein aufstehen? Das sind Überlegungen, die Sie mit in die Planung einbeziehen müssen. Kann Ihr Kind in seinem aktuellen Entwicklungsstand alles mühelos und sicher erreichen oder ist etwas zu hoch oder schwer erreichbar? Für die praktische Umsetzung bedeutet das: Spiegel und Bilder sollten auf Augenhöhe des Kindes hängen, Schränke kinderleicht zu öffnen sein, Bücher in Griffweite und einfach herauszunehmen sein, Spielzeug nach dem Spielen kann selbstständig und ordentlich an seinen ursprünglichen Platz gebracht werden. Besser als ein Kleiderschrank sind niedrige Kleiderstangen, ein standfester Tritthocker erleichtert dem Kind das Erreichen von Lichtschaltern. Wenn Ihr Kind gerade versucht, Laufen zu lernen oder sich hochzuziehen versucht, ist eine Holzstange an der Wand von Vorteil. An dieser kann es sich hochziehen, ohne Gefahr zu laufen, dass etwas runterrutscht oder umfällt. Körbchen oder Kisten erleichtern Ihrem Kind, an Spielzeug oder bestimmte Anziehsachen zu kommen, außerdem kann es durch Spielzeug sortiert in verschiedenen Körbchen die richtige Ordnung lernen. Ideal ist die Aufteilung des Kinderzimmers in zwei Zonen: der Ruhezone sowie der Spielzone. In der Ruhezone befindet sich das Bett, eine Kuschelecke, ein Sitzkissen oder Stuhl sowie Bücher. Auch Kuscheltiere oder Dekokissen finden hier Platz. Die Spielzone ist zum Spielen und Toben gedacht. Hier können Bastel- und Maltische stehen, ein kleiner Schreibtisch, Arbeitsmaterialien und Spielzeug, vielleicht sogar ein Kinderrekorder, mit dem Hörspiele angehört werden können. Wichtig vor allem ist: Das Angebot an Spiel- und Ruhematerialien sollte so reduziert wie möglich sein, um das Kind nicht zu überfordern.

3.2.5 Die Küche/ das Esszimmer

Die Küche ist besonders für neugierige Kleinkinder sehr gefährlich. Hier lagern spitze und scharfe Gegenstände, ein heißer Herd, eventuell Putzmittel und alle möglichen Lebensmittel und Getränke.

Die oberste Devise in der Küche lautet: Alles kindersicher ab- und einschließer, keine gefährlichen Gegenstände liegen lassen und das Kind möglichst von Anfang an in sämtliche tägliche Arbeiten in der Küche einbeziehen. Für den Herd gibt es spezielle Vorrichtunger, anhand dieser das Kind weder die heiße Tür öffnen kann noch oben an die Herdplatten gelangt. Wenn das Kind von Anfang an in die Küchenroutine mit einbezogen wird, versteht es den Ablauf besser, kann bestimmte Gegenstände Tätigkeiten zuordnen und kennt die Gefahrenstellen. Damit Ihr Kind helfen kann, sorgt auch hier ein standfester Hocker für mehr Selbstständigkeit. Küchenregale in Höhe der Kinder ermöglichen Selbstständigkeit und erhöhen das Selbstbewusstsein, wenn Kinder beim Tisch decken helfen können oder sauberes Geschirr zurück ins Regal bringen können. Im oberen Regal sollten Becher, Tassen, Teller und Schüsseln stehen, sämtliches Geschirr sortiert. In der Mitte befinden sich Hilfsgeräte wie Zitronenpresse, Trichter oder Messbecher. Im unteren Regal sollten Krüge, große Schüsseln, Siebe oder Töpfe stehen. Ein fester Platz zum Trinken zwischendurch oder für eine Obstschale als Snack ist für Kinder ebenfalls ideal. Dies kann eine bestimmte Ecke der Arbeits-platte sein, die mit dem Hocker leicht erreicht wird oder auf den eben erwähnten Kinderregalen. Sofern im Esszimmer und nicht in der Küche gegessen wird, sollte auch hier ein Hocker stehen, damit der

Tisch von den Kindern vernünftig und sicher gedeckt werden kann. In einem Esszimmer ist ein Teewagen von Vorteil. Er sollte die ideale Höhe für Kinder haben und sicher zu bedienen sein. So kann das Kind das Geschirr in der Küche auf den Wagen packen und es sicher ins Esszimmer transportieren. Umgekehrt natürlich genauso. Mit einer kindgerechten Küche können Kinder ihren Eltern bei vielen Vorgängen helfen und sie müssen nicht ständig fragen, weil sie an alle benötigten Gegenstände selbst herankommen.

3.2.6 Balkon, Terrasse, Garten

Wer einen Balkon besitzt, benutzt ihn in der Regel. Besonders Kinder fühlen sich von Balkonen angezogen, schließlich führen sie nach draußen an die frische Luft und es gibt dort einiges zu entdecken.

Darum lautet hier die erste Devise: Kindersicher machen, damit das Kind nicht über die Brüstung stürzt. Deswegen haben Hocker auf einem Balkon nichts zu suchen, ebenfalls alle anderen Gegenstände und Möbel, mit denen Kinder auf die Brüstung gelangen könnten. Auf dem Balkon ist ganz wichtig: Das Kind nie unbeaufsichtigt lassen! Natürlich sollen Kinder keine Angst haben, den Balkon zu benutzen. Er soll ja schließlich kein Ort des Schreckens werden. Sie müssen aber wissen, wo die Grenzen sind, bis zu denen es gefahrlos gehen kann und es ist optimal, wenn dem Kind erklärt wird, wie es sicher an der Brüstung stehen kann, um sich die Umgebung anzuschauen. Es gibt zudem die Möglichkeit, Balkongeländer zu erhöhen, wenn es Ihnen zu niedrig erscheint. Eine andere Möglichkeit ist das Absichern der Balkonwand, denn oft sind sie mit Gürtelgeländern versehen, die Kinder gern als Leiter benutzen. Dafür eignen sich Plexiglas vor dem Geländer als Balkonverkleidung, das gleichzeitig als Sichtschutz dient oder ein Katzennetz. Ist dieses Netz sicher und korrekt angebracht, so kann das Kind nicht über die Brüstung klettern und fallen. Giftige Pflanzen gehören ebenfalls nicht auf einen kindersicheren Balkon, da der Verzehr bestimmter Früchte oder Blätter lebensbedrohlich werden können. Zu den gefährlichen Pflanzen gehören Eisenhut, Rizinus, Wandelrose, Goldregen, Feuerbohne, Judenkirsche, Engelstrompete sowie Herbstzeitlose. Letztlich ist es wichtig, die Balkontür so abzusichern, dass Ihr Kind in einem unbeaufsichtigten Moment nicht auf den Balkon gelangen kann. Entweder dreht man die Klinken nach oben oder die Tür wird komplett abgeschlossen.

Für die Terrasse gelten die gleichen Grundsätze wie für den Balkon. Der Zugang zum Garten sollte mit einem Treppenschutz abgeriegelt werden, damit das Kind nicht unbeaufsichtigt in den Garten laufen kann. Im Garten sollte es eine Ecke geben, in der ihr Kind gefahrlos spielen darf und nur ihm allein gehört. Dieser Platz befindet sich idealerweise unter einem Baum, der im Sommer genügend Schatten spenden kann und an den an einem sicheren, dicken Ast eine Schaukel aufgehängt werden kann.

Vielleicht wird ja genau dieser Baum in einigen Jahren mal das Baumhaus Ihres Kindes, wenn es alt genug dafür ist. Unter diesen Baum kann im Frühling und Sommer eine Picknickdecke gelegt wer-den, auf der Ihr Kind entspannen, lesen, malen oder spielen kann. Ein kleiner Sandkasten direkt daneben fördert die Kreativität des Kindes zusätzlich und ist eine sinnvolle Beschäftigung. Auch ein Softball kann sich in der Spielecke im Garten befinden. Selbstverständlich haben giftige Pflanzen in einem kindersicheren Garten ebenfalls nicht zu suchen. Alle Werkzeuge, Gartengeräte und sonstige scharfe und gefährliche Gegenstände gehören in einen Schuppen oder die Laube eingeschlossen. Ein Teich oder Swimmingpool sollte dementsprechend gesichert sein, wobei ein Teich im Garten mit einem Kind im Haushalt nicht zu empfehlen ist.

Sehr spannend ist ein Sinnespfad im Garten. Dieser ist kreisrund angelegt und in mehrere Abschnitte unterteilt. In jedem einzelnen Abschnitt befinden sich andere Naturmaterialien, zum Beispiel Kieselsteine, Blätter, Moos, Sand. Auf diesem Pfad darf das Kind dann langsam barfuß marschieren und die Unterschiede der verschiedenen Materialien an den Fußsohlen spüren.

Kinder finden es toll, wenn sie im Herbst und Sommer mit umgraben, einpflanzen und ernten dürfen. Richten Sie Ihrem Kind einen kleinen Bereich neben Ihrem Feld ein. Dafür eignen sich Obst- und Gemüsesorten, die schnell wachsen und bei denen Veränderungen während des Wachstums gut sichtbar sind. Ideal sind Tomaten, Kräuter wie Schnittlauch, Petersilie, Dill und Kresse, Himbeeren, Möhren, Radieschen und Salat. Selbstverständlich bekommt das Kind eine eigene Gießkanne. Das Wasser hierfür kann Ihr Kind aus dem vollen Eimer nehmen, den Sie ihm vorher bereitgestellt haben. Verantwortung für Pflanzen zu übernehmen ist eine große Herausforderung für Kinder, die sie gerne annehmen. Denn so zählen sie zu den Großen und lernen dazu.

SCHRITT 4

MONTESSORI SPIELMATERIALIEN UND ÜBUNGSMATERIALIEN

„Schule ist jenes Exil, in dem der Erwachsene das Kind solange hält, bis es imstande ist, in der Erwachsenenwelt zu leben, ohne zu stören."

Maria Montessori

4.1 Vorbereitete Umgebung

Nach Maria Montessori sollen die Kinder so wenig wie möglich von außen beeinflusst werden. Außerdem wissen wir, dass die Umgebung sich dem Kind anpassen sollte und nicht das Kind der Umgebung. Die Kinder sollen sich frei fühlen, nicht in ihrer persönlichen Entwicklung gestört und sie sollen durch bestimmte Arbeitsmaterialien zum selbstständigen Lernen angeregt werden. Diese freie Entscheidung wird mittels einer vorbereiteten Umgebung umgesetzt. Sämtliche Lern- und Arbeitsmaterialien müssen für alle Kinder zugänglich sein. Sie allein dürfen entscheiden, womit sie sich wann beschäftigen möchten. Die vorbereitete Umgebung ist auch ideal für zu Hause, denn Maria Montessori fand ein Überangebot an Materialien und Spielzeug überhaupt nicht förderlich. Am besten ist das Angebot an Materialien sehr übersichtlich, dafür pädagogisch wertvoll mit einem hohen Lernnutzen. Besteht ein Überangebot, können sich die Kinder nicht auf eine Aufgabe oder Tätigkeit konzentrieren und das Gelernte wird nicht im Gehirn gespeichert. Nur durch eine freie Wahl kann echtes Interesse geweckt werden. Die vorbereitete Umgebung in einer Montessori Einrichtung sieht wie folgt aus: Die Räume sind hell, groß und in verschiedene Zonen eingeteilt. Die Arbeitstische sind frei angeordnet, es gibt keine starre Aufstellung wie in herkömmlichen Schulen (entweder die L-Form oder die Tische in Zweier- oder Viererreihen hintereinander). In offenen Regalen finden sich sämtliche Arbeitsmaterialien, wobei jedes seinen Stammplatz hat und von den Kindern leicht zugänglich sind. Durch eine klare Anordnung der Materialien ist eine Struktur gesichert, die den Kindern eine innere Ordnung gibt. Um diesen Begriff auf den Punkt zu bringen: Die vorbereitete Umgebung ein psychischer und physischer Raum, der den Kindern wichtige Schritte für sein geistiges und seelisches Wachstum bietet. Nur in diesem Raum können sich ein guter Geist sowie ein standfester Charakter bilden.

Die Arbeits- und Lernmaterialien
Sämtliche Arbeits- und Lernmaterialien, die Maria Montessori entwickelt hat, weisen folgende Merkmale auf:

- Polarisation der Aufmerksamkeit,
- Selbstkontrolle,
- Aufforderungscharakter,
- materialisierte Abstraktion,
- Isolation der Schwierigkeit.

Polarisation der Aufmerksamkeit
Maria Montessori kam zu vielen wichtigen Entscheidungen allein durch das Beobachten der Kinder. So entdeckte sie unter anderem, dass alle Kinder sich über einen längeren Zeitraum

mit nur einer einzigen Sache beschäftigen können. Bereits bei Babys und Kleinkindern ist dieses Phänomen zu beobachten, wenn ein bestimmter Gegenstand ihre Aufmerksamkeit erregt. Die Kinder sind dabei so tief in ihrer Beschäftigung versunken, dass sie weder Zeit noch ihre Umwelt wahrnehmen. Dieser Zustand ist dem freien Lernen zu verdanken, denn dieses intensive Arbeiten entsteht allein aus großem Interesse und der nötigen Ausdauer, die das Kind dafür benötigt. Diese intensive Phase endet, sobald das Kind mit seiner Entwicklung für die erlernten Fähigkeiten mit dem bestimmten Gegenstand fertig ist. Dann nimmt es die Umwelt wieder wahr, ist zufrieden mit sich und kann sich neuen Dingen widmen. Einzig und allein durch die 100%ige Konzentration können positive und nachhaltige Lerneffekte entstehen.

Selbstkontrolle
Da eigenständiges Lernen für Maria Montessori ein bedeutender Eckpfeiler war, hat sie die Selbstkontrolle nach getaner Arbeit eingeführt. Normalerweise korrigieren Eltern oder Pädagogen die Arbeiten der Kinder, nicht so in der Montessori Pädagogik.

Die Kinder sollen auch hier selbstständig werden und eine Unabhängigkeit vom Erwachsenen erreichen. Die Fehlerkontrolle erfolgt durch die Kinder selbst. Fehler sollen aus eigener Kraft heraus erkannt und korrigiert werden. Das macht sie Stolz, lässt sie Ehrgeiz entwickeln und selbstbewusster werden. Diese Fehler gelten jedoch nicht nur für das Arbeiten mit den Lernmaterialien, sondern auch im alltäglichen Leben und im sozialen Miteinander. Maria Montessori sagte dazu:

„Dem Fehler gegenüber einem freundschaftlichen Verhalten an den Tag zu legen und ihn als Gefährten zu betrachten, der mit uns lebt und einen Sinn hat." [6]

Oft kommt es dazu, dass Eltern und Pädagogen den Kindern unbeabsichtigt vermitteln, dass Fehler schlecht sind. Dabei sind sie sehr förderlich für ihre Entwicklung dem Lernprozess. Nur wer Fehler macht, kann daraus lernen. Mit der alleinigen Selbstkontrolle lernen Kinder, dass sie in bestimmten Bereichen ihre Fähigkeiten noch verbessern können und dann von selbst üben, bis sie es richtig gut beherrschen. Eine Korrektur des Lehrers oder Elternteils ist nicht motivierend. Die Fehlerkontrolle findet in allen Bereichen statt. Angefangen beim Schuhe binden über das richtige Zähneputzen, das korrekte Verhalten anderer Menschen gegenüber bis zu den täglichen Übungen mit den Arbeits- und Lernmaterialien. In der Montessori Pädagogik arbeiten die Kinder mit Kontrollheften zu jedem Material. Diese werden selbst gestaltet und wirken motivierend. Es gibt die Fehlerkontrolle durch den Vergleich mit Vorlagen (Kontrollhefte), die mechanische

Fehlerkontrolle (Dreiecke passen nicht in Öffnungen für Kreise), die Fehlerkontrolle in Zusammenarbeit mit anderen (durch die gemischten Klassen helfen sich die verschiedenen Altersstufen untereinander), die Vervollkommnung der Tätigkeit durch wiederholte und sachgerechte Übungen (bleiben nach der Arbeit Spindeln übrig oder fehlen welche, ist die Arbeit nicht korrekt ausgeführt worden) sowie die Fehlerkontrolle durch erziehende Personen (hierbei kommt das Kind zum Pädagogen, wenn es Hilfe möchte, ansonsten hilft der Pädagoge nicht).

Aufforderungscharakter

Der Aufforderungscharakter der vorbereiteten Umgebung durch das Lernmaterial weckt das kindliche Interesse an den jeweiligen Lerngebieten. Dadurch entwickeln sich Neugierde und Spaß am Lernen mit den verschiedenen Materialien.

Materialisierte Abstraktion

Die Didaktik (Art des Unterrichts) bietet Kindern eine materialisierte Abstraktion. Das bedeutet, dass die Inhalte, die in der Montessori Pädagogik unterrichtet werden, abstrakte Begriffe und Vorgänge den Kindern anschaulich erklärt und nähergebracht werden. Sie erfahren die Inhalte aktiv, statt passiv einfach nur zuzuhören. Die konkrete Form der Arbeitsmaterialien lässt abstrakte Begriffe lebendig werden und gibt den Kindern eine klare Vorstellung davon.

Isolation der Schwierigkeit

Der Fokus sämtlicher Arbeits- und Lernmaterialien liegt überwiegend nur auf einer einzigen Schwierigkeit beziehungsweise auf einem einzigen Lernschwerpunkt. Manchmal werden zwei Fähigkeiten mit einem Material gefördert, dann sind es solche, die sich klar voneinander abgrenzen lassen. Handelt es sich zum Beispiel um das Schreiben lernen, so werden drei unterschiedliche Buchstaben eingeführt: Statt I, L, T werden A, N, O eingeführt.

4.2 Anspruch und Kriterien an die Materialien

Im Laufe ihrer Beobachtungen hat Maria Montessori fünf Regeln bezüglich der Arbeits- und Lernmaterialien aufgestellt:

1. Jedes einzelne Material steht für sich allein und soll nur einen einzigen Lerninhalt vermitteln.
2. Die Materialien müssen langlebig und robust sein.
3. Die Materialien sollten nur aus natürlichen Werkstoffen wie Holz oder Stoff bestehen.
4. Die Handhabung sowie Farbgestaltung müssen ausschließlich für Kinder konzipiert sein.
5. Die Arbeitsmaterialien sollten eine Eigenkontrolle durch das Kind ermöglichen.

Ebenfalls sehr wichtig war Maria die freie Wahl der Arbeit. Das Kind wählt die Materialien nach seinen aktuellen Bedürfnissen. So lernt es, die eigenen und ganz persönlichen Interessen zu entdecken, außerdem fördert es die Entwicklung der Entscheidungskraft. Selbstverständlich können die Kinder ebenfalls entscheiden, ob sie alleine oder mit anderen Kindern zusammenspielen oder lernen möchten. Maria Montessori sagte zum Lernmaterial:

„Es soll kein Ersatz, sondern der Schlüssel zur Welt sein, es soll nicht nur die Kenntnisse der Welt vermitteln, sondern ein Führer für die innere Arbeit der Kinder sein, es soll ihnen zur Selbstfindung helfen." [7]

Das Kind wird nicht von der Welt isoliert, sondern erhält das nötige Rüstzeug, die gesamte Kultur sowie die Welt zu erobern.

Ein kleiner Hinweis für alle Eltern und Pädagogen, die Kinder mit den Montessori Materialien unterrichten: Das Material stets zusammen mit dem Kind holen. So lernt es, das Material wieder von sich aus zurückzubringen. Außerdem sollten Sie regelmäßig den Augenkontakt zum Kind suchen, damit Sie seiner Aufmerksamkeit sicher sein können. Schließlich ist es wichtig, ob Sie Links- oder Rechtshänder sind. Wenn Sie Rechtshänder sind, arbeiten Sie rechts vom Kind. Sind Sie

Linkshänder, arbeiten Sie links vom Kind. Wenn möglich, passen Sie sich stets der Arbeitshand des jeweiligen Kindes an.

4.3 Materialien selbst gestalten

Die meisten Montessori Einrichtungen stellen ihr Arbeits- und Lernmaterial selbst her, manchmal mit den Kindern zusammen, manchmal mit den Eltern. Das Material sollte zwar zuverlässig neue Fähigkeiten vermitteln, aber dabei möglichst einfach und nachvollziehbar gestaltet sein. Außerdem sollte es auf nur ein Lernziel hin gestaltet werden. Je bunter und ansprechender das Material, desto mehr Interesse und Aufmerksamkeit erregt es bei den Kindern, die Lernziele werden mit Spaß an der Arbeit schneller erreicht. Ebenfalls viel Spaß macht es, wenn das Material mal glatt, mal rau, rissig, weich, hart, schwer, leicht oder duftend ist. Es soll erste Einblicke und tieferes Wissen vermitteln. Ein schönes Beispiel ist der Jahreszeitenkreis. Dieser ist unterteilt in die vier einzelnen Jahreszeiten. Eine weitere Aufteilung erfolgt spezifisch für jede Jahreszeit mit ihren typischen Naturerscheinungen, den Festen in dieser Zeit oder ihren Eigenarten. Zum Schluss werden die Monatsnamen beschrieben. Eine Anleitung zum Basteln des Arbeits- und Lernmaterials gibt es in den nachfolgenden Aufteilungen in die entsprechenden Kategorien.

4.4 Sprachmaterialien

Das Montessori-Sprachmaterial hilft den Kindern, Schritt für Schritt sprechen und lesen zu lernen. Kinder entdecken die richtige Motorik des Schreibens, wie die Buchstaben und Worte klingen und ihren eigenen Aufbau sowie den innerhalb eines Satzes. Lesen lernen die Kinder anhand von Sandpapierbuchstaben und dem beweglichen Alphabet. Die Schreibrichtung kann damit nicht nur visuell ergriffen, sondern zusätzlich mit den Fingern erfühlt werden.

Die Sandpapierbuchstaben

Mit den Sandpapierbuchstaben entdecken die Kinder aktiv mit mehreren Sinnen die Schrift. Die Buchstaben umfassen alle 26 Buchstaben des Alphabets sowie die Zwielaute. Sie sind großgeschrieben und bestehen überwiegend aus Sandpapier. Die Buchstaben sind auf unterschiedlich farbigen Holzplatten geklebt. So zum Beispiel befinden sich die Vokale auf blauen Platten, die Konsonanten auf rosa Platten. Die Kinder sollen mit ihren Fingern die einzelnen Buchstaben nachfahren. Während dieses Vorganges sprechen sie den Buchstaben laut nach. Auf diese Weise machen sich die Kinder mit der Schreibweise vertraut und lernen den Buchstaben kennen. Sobald die Kinder einige von ihnen kennen, legen sie sie auf den Tisch und man kann sie bitten, bestimmte Buchstaben herauszulegen.

Herstellung Sandpapierbuchstaben

Dafür benötigen Sie:

- roten und blauen Tonkarton A4,
- Sandpapier,
- weißes Papier 160 g für die Herstellung der Schablonen,
- eine Druckschrift Buchstabenvorlage aus einer beliebigen Onlinedatei,
- Klebestift und Schere.

Die Buchstabenvorlage ausdrucken auf 160 g Papier und ausschneiden. Ideal sind einfache Buchstabenformen. Die nun ausgeschnittenen Buchstaben seitenverkehrt auf die Rückseite des Sandpapiers legen, dann mit einem Stift sorgfältig umranden. Nun die Buchstaben aus dem Sandpapier schneiden, auf die jeweilige Kartonfarbe kleben (Vokale blau, Konsonanten rosa oder rot) und die Größe des Kartons auf die Breite und Höhe des Buchstabens zuschneiden. Fertig.

Das bewegliche Alphabet

Das bewegliche Alphabet wird am häufigsten für die Entwicklung der Sprache verwendet. Es besteht aus allen 26 Buchstaben des Alphabets, dabei ist jeder Buchstabe mindestens zweimal vorhanden. Sie werden aus Moosgummi hergestellt und auch hier haben die Vokale eine blaue, die Konsonanten eine rote Farbe. Mit diesen Buchstaben sollen die

Kinder Wörter bilden. Meistens können sie sich die Wörter selbst aussuchen, selten sind sie vorgegeben. Wird das ausgewählte oder vorgegebene Wort ausgesprochen, muss das gelegte Wort mit der Wortvorlage übereinstimmen. Mit diesem Alphabet werden erste Kenntnisse entwickelt, Gehörtes in Worte umzuwandeln.

Herstellung bewegliches Alphabet
Dafür brauchen Sie:

- rotes und blaues Moosgummi,
- einfache Buchstabenvorlage (kleine Buchstaben!!) aus einer beliebigen Onlinedatei,
- Schneidematte,
- Schere und Bastelmesser,
- weißes Papier 160 g.

Die Buchstabenvorlage auf 160 weißes Papier ausdrucken, ausschneiden. Auch das Innere der kleinen Buchstaben mit einem Bastelmesser ausschneiden. Nun die Buchstaben auf die Moosgummiplatte legen und mit einem Stift umranden. Jetzt in benötigter Anzahl ausschneiden, ebenfalls die Innenräume. Wieder an die richtige Farbwahl der Vokale und Konsonanten denken. Die Moosgummibuchstaben finden optimalen Platz in leeren Wattestäbchenboxen.

4.5 Mathematikmaterialien

Auch die Mathematik hat Maria Montessori anschaulich und greifbar gemacht, damit diesem Fach der Schrecken genommen wird und möglichst einfach nachzuvollziehen ist. Mathematik war Maria besonders wichtig. Sie hat in ihren Studien herausgefunden, dass der Geist und das Leben der Kinder geordnet werden, sobald sie die Grundzüge der Mathematik (zählen, messen, ordnen und vergleichen) verstehen. Das mathematische Lernmaterial von Maria Montessori ist greifbar, robust und sehr anschaulich aufgebaut. Es ist für jedes Alter und jede Schulklasse geeignet. Spezielle Mathematerialien eignen sich bereits ab der Kita. Voraussetzung für die Beschäftigung mit diesem Material ist das Interesse des Kindes, sich der Mathematik zuzuwenden. Die Basis des montessorischen Rechensystems ist der Zahlenaufbau in Zehnerschritten. Es gliedert sich folgendermaßen:

- Zahlenraum von 1 bis 10,
- dezimale Organisation,
- Übergang zur selbstständigen Abstraktion.

Die Arbeitsmaterialien bauen aufeinander auf, damit ein selbstständiges Lernen möglich ist.

Herstellung Mengenarbeitsblatt

Dafür benötigen Sie:

- 1 DIN A3 weißes Blatt Papier (Zeichenblock),
- einen schwarzen Filzstift,
- Buntstifte,
- nach Wunsch Sterne aus Glanzpapier oder einem anderen Material.

Legen Sie das Blatt im Hochformat vor Ihnen auf einen Tisch. Unterteilen Sie es in zwei Teile, wobei der linke Teil etwa 10 cm breit für das Eintragen der Zahlen von 1 bis 10 sein sollte, die in aufsteigender Reihenfolge untereinander in die linke Reihe eingetragen werden. Auf der rechten Seite bleibt pro Zeile viel Platz zum Arbeiten.

Nun sind die Kinder an der Reihe. Sie nehmen entweder Glanzpapiersternchen oder malen selbst mit Buntstiften eine Anzahl bestimmter Gegenstände in die Zahlenreihen. Nach Beendigung der Arbeit zählen die Kinder selbstständig nach, ob sie die richtige Anzahl hinter die jeweilige Zahl gemalt oder geklebt haben oder nicht.

Herstellung Spindelkasten

Dafür benötigen Sie:

- weißen neutralen Stoff 2 Stück Maße 62 x 37 cm und 2 mal A3 für kleinere Spindeln,
- 45 Holzspindeln,
- Nadel und Faden oder Nähmaschine,
- Stoffmalstift,
- Stecknadeln,
- Band zum Zubinden.

Ein Stoffstück etwas mehr als zur Hälfte umschlagen und Taschen abnähen (0-9). Dann bringen Sie eine Rückseite an, damit die Nähte nicht mehr sichtbar sind, am besten gelingt es mit dem Schlingenstich. Nun malen Sie die Zahlen auf die Taschen, rollen die fertige Tasche ein und binden das Band herum. Sie können das Band auch beim Anbringen der Rückseite mit einnähen. Fertig.

4.6 Kosmische Materialien

Zu ihrem entworfenen Lernmaterial im kosmischen Bereich sagte Maria Montessori:

„Einzelheiten lehren bedeutet Verwirrung stiften, die Beziehungen zwischen den Dingen herstellen, bedeutet Erkenntnisse vermitteln." [8]

Aus diesem Grund möchte Maria Montessori die Kinder für dieses Thema anschaulich begeistern, damit sie den Gesamtzusammenhang der Erde und des Kosmos sowie die kulturellen Entwicklungen der gesamten Gesellschaft verstehen und nachvollziehen können. Achtung und Verantwortung für die Natur können nur in persönlichen Erfahrungen und anschaulichem Material vermittelt werden. Deswegen wird mit dem kosmischen Material immer zunächst das Ganze betrachtet und dann geht es Stück für Stück ins Detail. Die Vorstellungskraft wird durch das Übertragen bestimmter Sachverhalte in symbolische Darstellungen angeregt. Lebensnahe Erfahrungen im kosmischen Bereich werden mit kosmischen naturnahen Erlebnissen erreicht. Dazu zählen unter anderem ein Schulgarten, Waldspaziergänge und Exkursionen zu bedeutenden Orten (Fischteichen, Bachläufen, Baumwipfelpfad, Wildparks).

Herstellung des Lupenspiels

Dafür benötigen Sie:

- ein Arbeits- oder Serviertablett,
- eine einfache Lupe, die jedoch um das 10-fache vergrößert,
- von Kindern gesammelte Steine, Hölzer oder Blätter/ Blüten.

Die gesammelten Naturmaterialien waschen Sie mit den Kindern zusammen gründlich mit klarem Wasser ab. Achten Sie darauf, dass möglichst wenig Dreck, Erde und Staub auf dem Sammelgut haften bleibt. Nun alles gut abtrocknen, am besten mit einem Geschirrtuch. Jetzt können die gesammelten Steiner, Hölzer und/oder Blätter auf das Tablett gelegt werden. Nun sind die kleinen Entdecker dran. Sie haben die Möglichkeit herauszufinden, wie schwer oder leicht das Sammelgut ist, wie fühlt es sich an, welche Farbe hat es und welche Form? Mit der Lupe können die Kinder die Beschaffenheit der Oberfläche noch genauer im wahrsten Sinne unter die Lupe nehmen. Sind eventuell andere Farbgebung hinzugekommen, was genau kann man sehen, gibt es Bruchkanten, Löcher, Risse oder etwas ganz anderes zu entdecken? Gibt es Unterschiede zu den anderen gesammelten Sachen oder sogar Ähnlichkeiten?

Wenn Sie den Kindern ein Highlight bieten möchten, schauen Sie doch mal nach Steinen mit Kristallen oder Mineraliensteinen. Es gibt einige Sammler und Anbieter in Deutschland. Diese Steine sehen richtig toll aus unter der Lupe.

Herstellung von geografischen Begebenheiten mittels Knete
Dafür benötigen Sie:

- helle Knete (sandfarben oder beige),
- 2 Schalen mit erhöhtem Rand,
- blaue Ostereierfarbe,
- etwa 250 ml Wasser.

Färben Sie das Wasser mit der Ostereierfarbe blau. Gestalten Sie die erste Schale mit einer Insel. Dafür nehmen Sie eine Handvoll Knete, formen sie ungefähr zu einem Quadrat mit etwa 2 bis 3 cm dicke und legen sie in die Mitte der Schale. Nun formen Sie einen See mit der Knete für die zweite Schale. Dafür drücken Sie die Knete etwa 6 cm breit ringsum an den Rand, sodass in der Mitte ein Loch von ca. 3 bis 5 cm Größe bleibt. Jetzt gießen Sie das blaue Wasser vorsichtig auf die freien Flächen der Schale. Achten Sie darauf, dass das Wasser nicht über und auf die Knete kommt. Nehmen Sie lieber ein bisschen weniger Wasser. Das Wasser verteilt sich nun gleichmäßig auf den freien Flächen und oben betrachtet haben Sie nun eine waschechte Insel bzw. einen waschechten See. Mit der Knete können Sie auch andere Gebilde wie Bäche, Flüsse, Deltas oder ähnliches bilden. Viel Spaß dabei.

4.7 Sinnesmaterial und Perlenmaterial

Mit dem Sinnesmaterial sollen, wie uns der Name schon verrät, die kindlichen Sinne angeregt wer-den. Maria Montessori hat bei der Gestaltung der Arbeitsmaterialien alle ihre neun entdeckten Sinne miteinbezogen. Sehr wichtig war ihr der Tastsinn, denn durch ihn kann unter anderem auch eine besondere Empfindung ausgelöst werden: der Schmerz. Da die Empfindung des Schmerzes überlebenswichtig sein kann, sollen die Kinder einen achtsamen Umgang im Tasten erlernen. Deswegen ermöglicht das Sinnesmaterial auch sämtliche Erfahrungen, die für bestimmte Schlussfolgerungen wichtig sind.

Herstellung Geschmacksfläschchen
Dafür benötigen Sie:

- 8 Geschmacksfläschchen (kleine braune Apothekerfläschchen mit Pipette, erhältlich in jeder Apotheke),
- Zitronensaft (sauer), Orangenlimonade (süß), Hühnerbrühe (salzig), Bitterkraut mit Wasser, (bitter) jeweils zwei Fläschchen mit einer Geschmacksrichtung,
- ein Glas Wasser,

- ein feuchtes Tuch (zum Säubern des Handrückens).

Die Fläschchen werden auf dem gesamten Tisch verteilt, die Flüssigkeiten sind gemischt. Es beginnt im Uhrzeigersinn, die Kinder nehmen je ein Fläschchen, geben sich einen Tropfen mit der Pipette auf den Handrücken und probieren mit der Zunge, wie die Flüssigkeit schmeckt. Nun probiert jedes Kind so lange, bis sie den gleichen Geschmack wiedergefunden haben. Die Geschmacksprobe ist dann vorbei, sobald jedes Kind alle doppelten Geschmacksrichtungen herausgefunden haben. Nach dem Probieren eines Fläschchens wird der Handrücken mit dem feuchten Tuch gesäubert. Außerdem nimmt jedes Kind nach dem Probieren einen Schluck Wasser, um den Geschmack zu neutralisieren. Ganz wichtig: Markieren Sie vorher die Pärchen mit einem jeweils andersfarbigen Punkt auf dem Flaschenboden, z.B. rot unter die Zitronensaftfläschchen.

Herstellung von Geräuschdosen
Dafür benötigen Sie:

- 12 leere Fotodosen oder leere Ü-Eierboxen,
- Füllmaterial wie kleine Steine, Schrauben, Perlen, Reis, Wasser, Nudeln etc.

Füllen Sie die leeren Dosen jeweils unterschiedlich mit verschiedenen Materialien. Markieren Sie jede Dose mit einem andersfarbigen Symbol oder Punkt und notieren sich, welche Farbe was beinhaltet. Die Kinder müssen nun herausfinden, was in den Dosen ist. Als Hilfe legen Sie den Kindern einen großen Zettel auf den Tisch, auf dem sämtliche Füllstoffe aufgemalt sind. Durch Schütteln sollen sie erraten, in welcher Dose welcher Inhalt steckt.

Perlenmaterial – die Jahreskette

Die Jahreskette zeigt den Ablauf des Jahres mit 365 Perlen, jede Perle für einen Tag, jeder Monat hat eine eigene Farbe. Zusammen mit dem Jahreskreis kann das Jahr den Kindern sehr anschaulich präsentiert werden. Empfehlenswert ist ein 12-farbiger Farbkreis mit einem logischen und nachvollziehbaren Farbschema, bei dem die Jahreszeiten folgende Farben haben:

- Winter
- Frühling
- Sommer
- Herbst

Für die einzelnen Monate eignen sich nach diesem Schema folgende Mischungen:

- Januar Blauviolett
- Februar Blau
- März Türkis

- April kühles Grün
- Mai warmes Grün
- Juni Grüngelb
- Juli Gelb
- August Gelborange
- September Orange
- Oktober Orangerot
- November Rot
- Dezember Violett

Herstellung der Perlenkette

Dafür benötigen Sie:

- 365 Perlen à 12 mm Durchmesser, Material Holz,
- Tuschfarbe,
- eine flexible Schnur z.b. dickes Nähmaschinengarn,
- Politur aus Bienenwachs.

Die Perlen werden in insgesamt 12 Häufchen aufgeteilt, die 12 Monate. Die Anzahl der Perlen für die jeweiligen Monate ist wie folgt: Januar, März, Mai, Juli, August, Oktober und Dezember bekommen 31, April, Juni, September und November bekommen 30 und der Februar 28. Nun geht es ans Färben der Perlen. Dafür die Farben einzeln anrühren und die Perlen hineinlegen, etwa 10 Minuten einwirken lassen. Nun die

Perlen mit einer etwas größeren Pinzette aus der Farbe holen, zum Trocknen auf ein Küchenkrepp legen. Wenn die Perlen trocken sind, mit Bienenwachspolitur gründlich polieren. So erhalten die Farbe mehr Sattheit und sie fühlen sich weicher an. Zum Schluss die Perlen in richtiger Reihenfolge auffädeln, beide Enden verknoten. Fertig.

SCHRITT 5

MONTESSORI PÄDAGOGIK ZU HAUSE PRAKTISCH UMSETZEN

„Ohne das Kind, das ihm hilft, sich ständig zu erneuern, würde der Mensch degenerieren."

Maria Montessori

5.1 Das müssen Sie bei der Umsetzung beachten

Grundsätzlich gilt, wie schon weiter oben angesprochen, die eigene innere Haltung und Wertschätzung der Montessori Pädagogik gegenüber. In einer liebevoll eingerichteten Montessori Umgebung hat Ihr Kind genug Möglichkeiten, sich selbst zu entfalten. Wenn Sie folgenden Grundsatz von Maria Montessori mit Blick auf Ihr Kind beachten, dann steht einer liebevollen Erziehung nach der bedeutenden italienischen Ärztin und Pädagogin nichts mehr im Wege:

„Folge dem Kind, es wird dir seinen Weg zeigen." [9]

Genau deshalb sind Erzieher, Eltern und Pädagogen nur Begleiter der Kinder, mit viel Beobachtung von außen. Erziehungsberechtigte oder Lehrpersonen als Begleiter möchten eine herzliche und freundschaftliche Beziehung zu ihren beziehungsweise allen Kindern aufbauen. Die Lernbedingungen sind unter einer liebevollen und aufmerksamen Atmosphäre ideal und sehr förderlich für die Kinder. Begleiter drängen sich dem Kind nicht auf, geben ihm aber Unterstützung, wenn es welche benötigt und diese auch anfordert. Manchmal ist Hilfe nötig, zum Beispiel wenn neues Lernmaterial eingeführt wird. Dann erklärt der Begleiter die korrekte Handhabung, danach arbeiten die Kinder selbstständig und möglichst frei. Das gleiche gilt im privaten Bereich zu Hause. Mit einer vorbereiteten Umgebung daheim und dem speziellen Lernmaterial kann Ihr Kind mit einem Minimum Ihrer Hilfe seine Fähigkeiten ausbauen. Beachten Sie bei der Umsetzung von Aktivitäten zu Hause, dass weniger mehr ist. Je weniger Ihr Kind hochwertigere Angebote hat, desto effektiver kann es lernen und sich konzentrieren. Ein guter Anhaltspunkt sind 5 Spielzeuge oder bis zu 5 Arbeits- und Lernmaterialien. So entsteht keine Reizüberflutung und Ihrem Kind wird schnell klar, mit welchem Material oder Spielzeug es sich beschäftigen möchte. Wichtig ebenfalls, dass das Material und Spielzeug dem Alter Ihres Kindes angepasst ist und dem entspricht, wofür es sich im Moment entspricht. Jegliche anderer Materialien werden in einer Themenbox aufbewahrt. Egal, mit welcher Aktivität es gerade beschäftigt ist, stören Sie Ihr Kind möglichst nicht dabei. Wenn Kinder ganz intensiv und konzentriert spielen oder lernen, laufen wichtige, persönliche Lernprozesse in ihnen ab. Diese sind wichtig für seine Entwicklung. Wenn Sie mit Ihrem Kind oder Ihr Kind allein mit einer Aktivität beschäftigt sind/ist, wie mit dem Aktionstablett (Beschreibung folgt) und der kleine Hunger zwischendurch sich meldet, macht das Ihr Kind ganz stolz, wenn es sich selbst verpflegen kann. Das gilt bereits für Kindergartenkinder. Schaffen Sie ihm deshalb in der Küche, besonders während der Aktivitäten, einen Platz, an dem es sich selbst am Wasser- oder Tee Krug bedienen kann. Etwas Obst oder die Möglichkeit, sich ein Brot zu schmieren, ist ebenfalls sehr förderlich.

5.2 Aktionstablett: Definition und Einführung

Aktionstabletts sind Tabletts, wie man sie zum Servieren oder dem Tragen von Speisen kennt. Es gibt sie aus Holz, Edelstahl oder Kunststoff. In der Montessori Pädagogik finden sie ihren Einsatz für besondere, vorbereitete Aktionen, mittels derer die Kinder ihre Fähigkeiten ausbauen können. Die Tabletts sind auf die jeweiligen individuellen Bedürfnisse jedes einzelnen Kindes abgestimmt und können jederzeit neugestaltet werden.

Pro Tablett gibt es eine Aktion mit allen notwendigen Materialien. Wichtig ist, dass es sich um wenige Gegenstände des täglichen Lebens handelt, die die Kinder eventuell schon kennen beziehungsweise falls nicht, sie sich mit den Gegenständen aktiv vertraut machen können.

Die Aktionstabletts sollten sich möglichst von selbst erklären, ohne dass eine große Einführung nötig ist. Die Einzelarbeit mit den Tabletts soll die Kinder dazu anregen, seinen Ideen freien Lauf zu lassen. Außerdem lernt das Kind während dieser Aktivität seine eigenen Stärken und Schwächen kennen, das wiederum entwickelt Ehrgeiz.

Diese kreative Aktivität der Kinder wird, wie alle anderen Arbeiten mit den Lern- und Arbeitsmaterialien, nicht gewertet. Nur so können sie sich frei entfalten.

Folgende Fähigkeiten können bei der Arbeit mit Aktionstabletts gefördert werden:

- Fantasie,
- Freude an Bewegung,
- Sprachkompetenz,
- Motorik,
- Förderung der Selbstständigkeit,
- Erkennen von Stärken und Schwächen,
- Förderung, Ausdauer und Konzentration,
- Kenntniserwerb von Funktion und Bedienung alltäglicher Gegenstände,
- Förderung von Selbstvertrauen (Ich kann das allein!),
- Entwicklung spezieller Kompetenzen pro Tablett (Sprache, Mathe, Sinne etc.).

Die Aktionstabletts sollten an das jeweilige Alter des Kindes angepasst sein. Ansonsten könnte eine Unter- oder Überforderung des Kindes entstehen, die sich negativ auf die Förderung der Fähigkeit auswirkt. Bevor Sie ein Tablett für Ihr Kind zusammenstellen, stellen Sie sich folgende Fragen:

- Welcher Beschäftigung geht mein Kind gerade besonders oft und gerne nach?
- Was beherrscht es schon gut, in welchem Bereich benötigt es noch Förderung?
- Wofür könnte sich mein Kind zurzeit noch interessieren?

5.3 Aktionswannen für Babys (von 0 bis 12 Monate)

Für Babys bis zu einem Jahr eignen sich am besten Aktionswannen. Sie entsprechen dem Alter am ehesten und richten ihren Fokus auf die Bedürfnisse im Babyalter. Das sind greifen, fühlen, forschen sowie begreifen. Die Größe der Wannen (entweder Babybadewannen oder flache, geschlossene Wäschekörbe) variiert je nach dem gewünschten Inhalt und der zu erlernenden Fähigkeit. Die Wannen können bei Bedarf auch in einen Sandkasten oder ein Planschbecken gestellt werden, falls der Inhalt bei bestimmten Aktionen über den Wannenrand im Raum verteilt werden könnte. Die Wannen werden mit verschiedenen Materialien gefüllt. Das kann Sand sein, große Tannenzapfen, Wasser, große weiche Flummis oder Bälle, Sandspielzeug, Greifringe etc. Bei Babys ab einem halben Jahr sind große Stecksysteme ideal, bei denen die Babys erste Versuche unternehmen, die verschiedenen Größen passend ineinanderzustecken. Auch Bälle mit verschiedenen Oberflächen sind ideal, so bekommen Babys ein erstes Gefühl für die Beschaffenheit von Oberflächen. Dadurch, dass die Wannen so groß sind, können sich Babys direkt hineinsetzen oder legen. So können sie über den Tastsinn zusätzliche aktive Erfahrungen sammeln.

5.4 Aktionstabletts für Kinder (von 1 bis 3 Jahre)

Aktionstabletts zum richtigen Zuordnen, zur Förderung der Fein- und Grobmotorik sowie zur Förderung des Tastsinns.

1. Das Wäscheklammertablett
Auf dem Tablett werden drei bis maximal vier verschieden farbige Zahnputzbecher platziert, davor liegen pro Farbe drei Wäscheklammern. Die Kleinen sollen jetzt die Klammern an die richtigen Becher aufstecken.

2. Schwimmende Tischtennisbälle
Auf diesem Aktionstablett stehen zwei mittelgroße Kunststoffschüsseln, möglichst durchsichtig sowie eine Grillzange. Eine Schüssel ist leer, die andere bis zu Hälfte mit Wasser gefüllt. Auf dem Wasser schwimmen etwa zehn Tischtennisbälle. Die Kinder müssen nun versuchen, mit der Grillzange alle Bälle in die leere Schüssel zu bekommen.

3. Die Bohnenwanne

Eine durchsichtige Spielzeugkiste aus Kunststoff ist bis zur Hälfte mit großen Bohnen gefüllt. In dieser Kiste befinden sich zusätzlich zwei Messbecher sowie drei Sandspielzeugschaufeln. Die Kinder versuchen nun, die Messbecher mit den Bohnen zu füllen.

4. Kaffeedose mit Kastanien

Auf einem Tablett steht eine leere Kaffeedose mit in der Mitte eingeschnittenem Deckel sowie mehrere Kastanien. Die Kinder versuchen, die Kastanie durch die Mitte des Deckels in die Dose zu drücken.

5. Besteck sortieren

Auf dem Tablett befinden sich Gabeln, Messer und Löffel aus Plastik sowie ein Behälter zum Sortieren. Ungefähr fünf Teile von jedem Besteck reichen. Die Kinder müssen nun das Besteck in den Behälter richtig einsortieren.

6. Eiersalat

Auf dem Tablett befindet sich eine leere Verpackung Eier (10 Stück) sowie zehn Plastikeier und ein Behälter, in dem sich die Plastikeier befinden. Jedes Kind soll nun die leere Verpackung mit den zehn Plastikeiern füllen.

7. Reis umfüllen

Auf dem Tablett befinden sich ein Messbecher gefüllt mit Reis oder Grieß sowie ein kleiner Trinkbecher. Die Kinder sollen mit dem Messbecher den Reis oder Grieß in den Becher schütten, bis er voll ist. Für die ideale Förderung der Feinmotorik ist es sinnvoll, wenn der Messbecher mehr Reis beinhaltet als in den Becher passt.

8. Tierspiel

Auf dem Tablett befinden sich mehrere ausgedruckte und laminierte Tierbilder mit den bekanntesten Tieren für 1-3-jährige. Das wären unter anderem Pferde, Hunde, Katzen, Vögel, Kühe und Schweine. Für jedes dieser Bilder werden maximal drei Schleichtiere auf zusätzlich auf das Tablett gestellt. Die Kinder sollen nun die Schleichtiere den richtigen Bildern zuordnen und sie daraufstellen.

9. Spaß mit Wattestäbchen

Auf einem Tablett werden etwa 20 Wattestäbchen auf einem Haufen platziert, daneben befindet sich ein großes Schneidebrett. Über dem Tablett liegt ein Stück schwarzer Tonkarton, auf dem ein einfaches Muster aus Wattestäbchen vorgegeben ist. Die Kinder sollen versuchen, das Muster auf dem Schneidebrett nachzustellen mit den Wattestäbchen auf dem Tablett.

10. Sandmalspaß

Ein Tablett wird ungefähr bis zur Hälfte mit Sand gefüllt. Auf diesem Sand liegen verschiedene Gegenstände, zum Beispiel ein Kamm, eine Plastikgabel, eine Klammer, verschieden große Pinsel oder ähnliches. Die Kinder dürfen nun mit den bereit liegenden o.g. Gegenständen verschiedene Spuren im Sand hinterlassen.

11. Papierplätzchen backen

Ebenfalls sehr schön für die richtige Zuordnung ist das „Backen von Papierplätzchen". Sie bereiten einen DIN A4 Blankozettel vor, indem Sie in etwa acht Ausstechförmchen abzeichnen und die Förmchen dann neben dem Blatt platzieren. Nun ordnen die Kinder die Förmchen den jeweiligen „Kopien" auf dem Zettel zu und legen sie direkt darauf.

12. Schal schnüren

Auf einem Tablett befinden sich ein dünner farbiger Seiden- oder Chiffonschal sowie daneben etwa 30 bunte Holzringe mit einem Durchmesser von etwa 5 cm. Die Kinder sollen die Holzringe wie eine Schlange auf dem Schal aufstecken, sodass am Ende der komplette Schal mit Holzringen versehen ist.

5.5 Aktionstabletts für Kinder (von 4 bis 6 Jahre)

Förderung von Ausdauer, Kraft in der Schreibhand, Geschicklichkeit sowie Augen-Handkoordination

1. Der Drehaschenbecher
Auf dem Tablett liegt ein XXL Drehaschenbecher, möglichst aus Kunststoff sowie daneben eine Schüssel mit mittelgroßen oder kleinen Murmeln. Die Kinder legen drei Murmeln auf den Aschen-becher, drücken auf den Knopf in der Mitte und hören nicht nur das für Kinder faszinierende Geräusch, sie sehen auch, wie die Murmeln durch die Löcher im Inneren verschwinden. Wenn die drei Murmeln weg sind, nehmen sie die nächsten, bis alle in den Tiefen des Aschenbechers versunken sind. Die Empfehlung liegt bei maximal 15 Murmeln.

2. Schrauben drehen
Auf einem Tablett steht eine kleine Schüssel mit auseinandergeschraubten dicken Schrauben und ihren Muttern. Die Kinder kippen die Schüssel auf dem Tablett aus und drehen die Muttern auf die richtigen Schrauben.

3. Das Schlüsselbrett
Kopieren Sie 15 verschiedene Schlüssel mit einem Kopierer auf einem Blatt Papier. Etwa 7 sollten sich auf der oberen und 7 bis

8 auf der unteren Seite befinden. Den kopierten Zettel mit den Schlüsseln legen Sie auf ein Tablett, daneben in einer Schüssel die 15 Schlüssel. Nun sollen die Kinder alle richtigen Schlüssel finden und sie auf die Kopie auflegen.

4. Schlösser finden

Auf einem Tablett liegen fünf unterschiedlich große Schlösser, die dazugehörigen Schlüssel liegen verteilt auf dem Tablett. Die Kinder müssen nun die passenden Schlüssel finden und die Schlösser aufschließen.

5. Saft selbst pressen

Sie halbieren eine große Orange und platzieren Sie auf einem kleinen Teller auf dem Tablett. Daneben stellen Sie eine manuelle Zitronenpresse und einen Becher. Das Kind versucht nun, die beiden Orangenhälften so gut es geht auszupressen und den aufgefangenen Saft in den Becher zu gießen.

6. Nägel schlagen

Auf einem Tablett liegt ein etwa Essteller großes Stück Styropor. Neben dem Styropor haben Sie einen Spielzeughammer platziert und etwa 10 große Nägel. Das Kind versucht die Nägel (unter Ihrer Aufsicht) mit dem Hammer in das Styropor zu hämmern.

7. Stoffsäckchen tasten

Nehmen Sie ungefähr 10 Stoffsäckchen, die von außen blickdicht sind. Füller. Sie die Säckchen mit verschiedenen Gegenständen, wie z.b. Bausteinen, kleinen Bällen, Murmeln, Nüsse, Radiergummis, Filzstifte. Die Säckchen gut zubinden und in einen Wäschekorb legen. Nun fertigen Sie kleine Schilder an, auf denen Sie entweder die versteckten Gegenstände aufzeichnen oder aufschreiben. Die Kinder nehmen die Säcke an sich und müssen untersuchen, welcher Gegenstand von den Kärtchen das sein könnte.

8. Knetbäume

Auf einem Tablett liegen zwei verschiedene Farben Knete, braun und grün, außerdem Muggelsteine, bunte Glassteinchen und Sternchen aus Glassteinen. Nun können die Kinder einen Baum nach ihrer Wahl kneten, auf das Tablett legen und mit den vielen Steinchen schmücken.

9. Stanzen

Platzieren Sie auf einem Tablett mehrere dünne und dicke Papierstreifen in vielen Farben und Stärken. Daneben werden vier bis fünf Motiv Stanzer platziert und eine kleine Schüssel oder einen Briefumschlag für die gestanzten Papiermotive. Eine Pinzette sollte ebenfalls bereit liegen, falls einige Kinder die Motive schlecht mit der Hand greifen können. Nun können die Kinder munter drauf los stanzen.

10. Es ist serviert

Platzieren Sie eine 7-teilige Servierschale in der Mitte des Tabletts. In die Mitte füllen Sie eine bunte Mischung an Nüssen, Samen oder eine Studentenfuttermischung. Die Kinder müssen nun die bunte Mischung richtig in die Portionsschälchen sortieren.

11. Socken aufhängen

Nehmen Sie einen Schuhkarton ohne Deckel. Schneiden Sie in die kurzen Seiten je zwei Einkerbungen im Abstand von etwa 5 cm, spannen Sie dann eine dünne Schnur durch die Kerben und knoten es hinten fest. Platzieren daneben eine kleine Schüssel mit etwa acht verschiedenen Babysocken, acht Klammern befestigen Sie am Rand des Kartons. Jetzt können die Kinder loslegen und die Socken auf den beiden „Wäscheleinen" aufhängen.

12. Polieren

Stellen Sie zwei Gläser auf ein Tablett, jeweils eins auf der rechten und eins auf der linken Seite. Ein Glas füllen Sie mit sechs herkömmlichen Kaffeelöffeln. In der Mitte legen Sie ein Poliertuch. Nun sollen die Kinder die Löffel schon glänzend polieren und die fertigen Löffel in das andere Glas stellen.

13. Spieglein, Spieglein

Auf einem Tablett liegt ein drehbarer kleiner Tischspiegel, daneben ein Mikrofasertuch sowie eine Sprühflasche mit Wasser. Jetzt können die Kinder den Spiegel putzen.

14. Fegen

Stellen Sie eine Schüssel mit Reis oder Nudeln auf ein Tablett, daneben ein kleines Handfeger- und Kehrblechset. Die Kinder sollen nun den Inhalt der Schüssel auskippen und ihn mit dem Handfeger und Kehrblech wieder ordentlich auffegen und in die Schüssel zurückgeben.

15. Waschzeit

In eine kleine Schüssel geben Sie etwas Wasser mit einem Tropfen Spülmittel, legen daneben einen Putzschwamm und drei Spielzeuge, die eine kleine Reinigung benötigen. Das neben dem Putzschwamm platzierte Trockentuch wird zum Abtrocknen des von den Kindern gesäuberten Spielzeugs genommen.

5.6 Übungen des täglichen Lebens

Maria Montessori entwickelte die Übungen des täglichen Lebens, da sie in ihren Beobachtungen festgestellt hat, dass Kinder ein großes Bedürfnis haben, die Erwachsenen nachzuahmen. Das trifft im besonderen Maße auf die alltäglichen Dinge wie abwaschen, staubsaugen oder Blumen gießen zu. Kinder, die das täglich vor Augen haben, werden früher oder später auf ihre Eltern zukommen und möchten ihnen dabei helfen. Daher ist es förderlich, von klein auf – bereits im Alter ab einem Jahr – mit diesen Übungen spielerisch zu beginnen. So sind die Kinder von Anfang an mit einbezogen und gewohnt, ihren Eltern selbstverständlich zu helfen. Allerdings sollten Sie sich dabei stets vor Augen halten, dass die Ziele von Eltern beziehungsweise Erwachsenen und den Kindern bei der alltäglichen Arbeit unterschiedlich sind. Der Erwachsene erledigt diese Aufgaben, weil er muss und möchte sie möglichst zügig hinter sich bringen, damit alles wieder seine Ordnung hat und er sich anderen Dingen widmen kann. Für die Kleinen steht während dieser Arbeiten einzig und allein die Aktivität für sich im Vordergrund. Sie können helfen, fühlen sich stolz dabei und finden es ganz toll, einige Sachen schon selbst erledigen zu können.

Wenn Kinder von Anfang an in die täglichen Übungen des Lebens einbezogen werden, auf kindgerechte und altersentsprechende Weise natürlich, lernen sie schon früh, sich selbstständig anzuziehen, zu waschen und die Wohnung zu reinigen. Hier spielt wieder die kindgerechte Einrichtung eine große Rolle, denn Kinder können nur dann effektiv gefördert werden, wenn alles, was sie benötigen, gut erreichbar ist. Außerdem entwickeln Kinder bei diesen Übungen Ausdauer, indem sie lernen, alles zu Ende zu bringen, was sie angefangen haben. Unter anderem beginnt es damit, alle benutzen Materialien nach Beendigung der Arbeit wieder an ihren Platz zurückzubringen. Grundlage für die Übungen des täglichen Lebens ist, dass jeder Mensch im späteren Leben eine Ordnung und Regeln benötigt, um in der kulturellen und sozialen Umwelt gut zurechtzukommen. Des Weiteren helfen sie den Kindern, bestimmte Fähigkeiten zu fördern. Dazu zählen die Grob- und Feinmotorik, die Geschicklichkeit, das Gleichgewicht, die Sensomotorik sowie die Hand-Fuß-Augenkoordination. Ganz nebenbei wird der kindliche Bewegungsdrang gestillt und sie erkennen logische Vorgänge. So zum Beispiel erscheint es den Kindern logisch, dass das Putzen von Gegenständen mit schmutzigen Tüchern keinen Sinn macht und dass beim Abwaschen eine ganz bestimmte Reihenfolge einzuhalten ist.

Die Übungen des täglichen Lebens setzen sich aus fünf Bereichen zusammen:

1. Übungen zur Pflege der eigenen Person
2. Übungen zur Pflege der Umgebung
3. Übungen zur Pflege der sozialen Beziehungen
4. Übungen der Bewegung
5. Übungen der Stille

1. Übungen zur Pflege der eigenen Person

Dazu gehören folgende alltägliche Übungen: Hände waschen, an- und ausziehen, Schuhe binden und putzen, Essen zubereiten, Haare kämmen, Zähne putzen.

Das Hauptaugenmerk bei diesen Übungen liegt auf der Hygiene- und Gesundheitserziehung. Das Kind lernt, wie es sich selbst pflegen kann und Verantwortung dafür zu tragen, andere damit zu schützen. Zum Beispiel lernt es, dass es wichtig ist, sich nach dem Toilettengang die Hände zu waschen oder vor der Nahrungszubereitung. Außerdem lernt es, dass gesundes Essen wichtig für ihren Körper ist und ihre Gesundheit ist. In Gemeinschafts- und Gruppenarbeit sowie Einzelaktivitäten wird dieses Wissen spielerisch erlernt und mit Aktionstabletts vertieft.

2. Übungen zur Pflege der Umgebung

Dazu gehören Aufgaben wie Blumen gießen, Boden fegen, Tafel wischen, Handarbeiten, Wäsche waschen und ähnliche. Hier wird Verantwortungsbewusstsein gefördert, die soziale Kompetenz erweitert, dadurch, dass diese Dienste abwechselnd stattfinden, außerdem entsteht ein positives Bewusstsein zur Natur.

3. Übungen zur Pflege der sozialen Beziehungen

Diese Übungen werden überwiegend mit Rollenspielen durchgeführt. Im Vordergrund stehen Höflichkeitsformeln wie das Grüßen, Danke und Bitte sagen, sich entschuldigen, wie sich die Kinder bei verschiedenen Anlässen benehmen sollten und wie sich bei Besuchen richtig verhalten. Außerdem wird gemeinschaftliches Verhalten geübt, indem die Kinder gemeinsam bestimmte Aufgaben übernehmen, wie beispielsweise zusammen aufräumen oder die Regale säubern.

4. Übungen der Bewegung

In diesen Freizeitübungen sind den Kindern bestimmte Räume oder Plätze vorgegeben, innerhalb derer sie sich frei bewegen können. Wichtig ist vorher zu kommunizieren, dass es klare Regeln und Absprachen gibt, wo die Grenzen sind und möglichst alle Gegenstände entfernen, mit denen die Kinder nicht spielen dürfen. Der zur Verfügung gestellte Raum ist unter anderem dafür da, Stärken und Grenzen auszuprobieren und sie frei auszuleben. Diese Räume können der Garten, ein freies Zimmer, der Hof oder die Turnhalle sein, die selbstverständlich stets im Auge behalten werden für gefahrloses Spielen und Entdecken.

5. Übungen der Stille

Übungen der Stille können in der Kuschelecke oder im Ruhebereich stattfinden. Hier kommen die Kinder zur Ruhe, entweder bewusst gemeinsam oder allein, wann immer einem Kind danach ist. Jedes Kind sollte sich wohlfühlen, bewusst etwas für sich selbst tun und dabei auch an andere denken.

Gehen auf einer Linie führen ebenfalls zur inneren Ruhe und sind für solche Augenblicke geeignet. In der Gemeinschaft macht es viel Spaß und gibt viel Kraft, wenn man in der Runde schöne Steine weitergibt oder bei größeren Kindern eine Kerze. Dabei herrscht Ruhe und niemand spricht. Außerdem schweißen solche Momente die Gemeinschaft ein Stück mehr zusammen.

6. Übung Tisch decken

Sie benötigen ein Tablett oder eine flache Kiste, in der ein Glas oder Becher, einen Teller, Besteck sowie ein Tischset liegen. Diese Übung eignet sich ab 3 Jahre, wenn ein Hocker am Esstisch steht und das Kind ihn mühelos erreicht. Ziele sind Förderung der Konzentration, der Hand-Auge-Koordination sowie das korrekte Tisch decken lernen. Zunächst stellen Sie das Tablett oder die Kiste auf einen Stuhl. Zeigen Sie Ihrem Kind, wie es die Gegenstände vom Tablett auf den Tisch stellen kann und wie sie richtig angeordnet werden. Nun stellen Sie alles wieder zurück und Ihr Kind ist jetzt an der Reihe. Es legt zuerst das Tischset auf den Tisch, rollt es aus und streicht es mit beiden Händen glatt. Nun holt es mit beiden Händen den Teller und platziert ihn mittig auf dem Set. Ebenfalls mit beiden Händen nimmt das Kind das Glas und stellt es rechts über den Teller. Zum Schluss greift das Kind die Gabel mit einer Hand und legt es rechts vom Teller, rückt nun mit den Fingerspitzen die Gabel zurecht. Der gleiche Vorgang wird mit dem Messer wiederholt. In umgedrehter Reihenfolge decke Ihr Kind jetzt den Tisch ab.

7. Schüttübungen

Schüttübungen dienen als Sonderaufgabe für das Tischdecken, da, nachdem der Tisch eingedeckt ist, die Gläser und Teller befüllt werden. Schüttübungen trainieren die korrekten Bewegungsabläufe sowie die Hand-Auge-Koordination. Es kann mit Flüssigkeiten oder festem Material geübt werden. Am Anfang empfiehlt sich die Übung mit festen Materialien, wenn das Kind sicher in den Aus-führungen ist, können Sie zu den Flüssigkeiten (Wasser) übergehen. Folgende Punkte sollten beachtet werden:

- Immer nur so viel Schüttgut verwenden, wie wirklich benötigt wird. Das erleichtert die kindliche Volumenerfahrung und sorgt für eine bessere Fehlerkontrolle.
- Das Schüttgut immer an den jeweiligen Entwicklungsstand des Kindes anpassen.
- Das Schüttmaterial sollte einfarbig sein, um das Kind nicht von der Tätigkeit des Schüttens abzulenken.
- Als festes Schüttgut eignen sich Mais, Körner, Perlen.

- Als flüssiges Schüttgut wird meistens Wasser verwendet, in einer späteren Phase sind auch Milch oder Saft möglich.
- Durchsichtige Krüge eignen sich als leichteste Variante für „Anfänger", da sie das Schüttgut stets im Auge haben.
- Undurchsichtige Krüge werden genommen, sobald das Kind sicher im Umgang mit durchsichtigen Krügen ist, da die visuelle Kontrolle stark abnimmt.

A: Schüttübungen mit durchsichtigen Krügen und festem Material werden mit zwei Krügen vorgenommen. Dabei ist bereits ein Krug mit festem Material gefüllt. Das Kind versucht nun, den Inhalt des vollen Kruges in den leeren Krug zu schütten. Das Kind sollte den Krug am Anfang mit beiden Händen festhalten, um ein Gefühl dafür zu bekommen. Später kann es mit einer Hand den Henkel anfassen und mit der anderen unterstützend am Bauch. Wenn es ganz sicher ist, kann es mit nur einer Hand am Henkel fassen. Das Kind übt den Schüttvorgang so lange, bis es ohne zu „kleckern" umschütten kann. Diese Übung wird immer wieder angeboten, am besten täglich oder dreimal die Woche.

B: Schüttübungen mit undurchsichtigen Krügen mit festem Material werden genauso durch-geführt wie mit durchsichtigen, damit das Kind einen ersten Ansatz hat und sich an das Um-schütten mit undurchsichtigem Material gewöhnen kann. Wenn das Kind auch dann die nötige Sicherheit für das Schütten erreicht hat, geht in Phase C.

C: In dieser Phase wird aus einem vollen Krug der Inhalt in drei Gläser oder Becher geschüttet. Wichtig ist, dass nur genauso viel Schüttgut vorhanden ist, wie passgenau in die Gläser oder Becher passt. Außerdem sind die Gläser oder Becher ebenfalls durchsichtig. Nachdem ein sicherer Schüttvorgang erreicht ist, kann auch hier zum undurchsichtigen Krug und Gläsern/ Bechern übergegangen werden.

A: Schüttübungen mit durchsichtigen Krügen und flüssigem Schüttmaterial werden in der ersten Phase ebenfalls mit zwei Krügen durchgeführt. Statt normalem Wasser können Sie gern auch Lebensmittelfarbe dazu benutzen. Ein Krug ist bereits mit Flüssigkeit gefüllt und das Kind versucht nun wie beim festen Material das Wasser vorsichtig in den anderen Krug zu schütten. Zur Sicherheit werden hier Trockentücher oder Küchenkrepp zum Wegwischen der verschütteten Flüssigkeit bereitgelegt. Diese Übung wird ebenfalls so lange durchgeführt, bis das Kind sicher Flüssigkeiten umschütten kann, ohne zu kleckern. Wenn es dem Kind hilft, darf es natürlich anfangs den Krug mit beiden Händen anfassen.

B: In der zweiten Phase wird das flüssige Schüttgut von einem undurchsichtigen Krug in den anderen undurchsichtigen Krug geschüttet. Die visuelle Kontrolle nimmt stark ab, sodass das Kind hier vorsichtiger üben muss. Wenn das Kind im Umgang mit undurchsichtigen Krügen geübt ist, kann es zu Phase C übergehen.

C: Hier wird Flüssigkeit von einem durchsichtigen Krug in drei durchsichtige Gläser oder Becher gegossen. Wichtig ist, dass der Inhalt des Kruges genau in die drei Gläser passt. Wenn das Kind nun sicher und ohne zu kleckern in die Gläser/ Becher umgießen kann, wird ein undurchsichtiger Krug und drei undurchsichtige Tassen genommen. Auch hier sollte die Wassermenge auf den Inhalt der beiden Tassen abgestimmt sein.

D: Es gibt bei den Schüttübungen mit Flüssigkeiten eine Sonderaufgabe. Wenn Kinder das Schütten besonders gut können, erfolgt das Umfüllen des Inhaltes einer Flasche auf zwei kleinere Flaschen mittels eines Trichters. Die Flüssigkeit der großen Flasche sollte passgenau in die beiden kleineren Flaschen passen. Das Kind steckt zunächst den Trichter in eine der kleinen Flaschen und versucht, diese bis zum Rand zu befüllen. Nun steckt es den Trichter in die andere Flasche und versucht auch diese zu füllen. So oft wiederholen, bis es sicher die Flaschen umfüllen kann.

8. Löffelübungen

Löffelübungen eignen sich ebenfalls als Sonderübung zum Tisch decken. Sie trainieren eigenständige Bewegungsabläufe sowie die Ausdauer und Auge-Hand-Koordination. Diese Übungen werden auf einem Tablett angeboten und in Schreibrichtung angeordnet. Als Löffel können Sie verschiedene Arten verwenden, zum Beispiel Eisportionierer, Kochlöffel, Esslöffel, Kaffeelöffel, Eierlöffel etc. Auch das Füllmaterial kann unterschiedlich sein. Üblicherweise fängt man mit großem Material wie Kastanien, Eicheln oder Walnüssen an. Später oder bei älteren Kindern können Sie Kichererbsen, Reis oder Haferflocken verwenden. Benötigt werden für Stufe 1 (beim größeren Material) zwei Schüsseln sowie diverse Löffelarten. Eine Schüssel ist bereits gefüllt, die Kinder versuchen, das Material komplett mithilfe der Löffel in die andere Schüssel zu bekommen. Beim kleineren Material füllen Sie eine Schüssel damit und stellen daneben zwei kleinere Schüsseln und platzieren die verschiedenen Löffelarten. Nun sollen die Kinder den Inhalt der großen Schüssel ungefähr gleichmäßig auf die beiden anderen Schüsseln verteilen.

9. Übung Zähne putzen

Übungen für die Körperpflege helfen dem Kind, sein Selbstbild zu entwickeln und Verantwortung für den eigenen Körper zu übernehmen. Außerdem kommt es durch diese Übungen in direkten Kontakt mit dem eigenen Körper. Selbstverständlich sollten Kinder dreimal täglich die Zähne putzen, versuchen Sie jedoch, wenigstens einmal am Tag das Zähneputzen als dauerhaftes Ritual einzubauen.

Das ist idealerweise ein Zeitpunkt, an dem sie beide genügend Zeit und keinen Termindruck im Nacken haben. Am besten ist es nach dem Mittagessen oder vor dem Schlafengehen, da morgens oft die Zeit fehlt, sich in Ruhe und mit viel Geduld dieser Übung zu widmen. Das feste Ritual des Zähneputzens gibt Ihrem Kind nötige Sicherheit und Orientierung im Alltag.

Sie benötigen dafür:

- Kinderzahnpasta,
- Kinderzahnbürste,
- Sanduhr,
- Waschlappen,
- Zahnputzbecher,
- 1 Tisch- oder Handspiegel.

Gehen Sie nach dem Mittagessen oder vor dem Schlafengehen mit Ihrem Kind in das Badezimmer und stellen das fertige Tablett mit allen Utensilien neben Ihr Kind. Idealerweise steht das Tablett auf dem eigens für Ihr Kind bereitgestellten Tischchen oder Regal, das Ihr Kind mit einem Hocker (oder ohne) mühelos erreichen kann. Nun beginnen Sie damit, Ihrem Kind Schritt für Schritt zu zeigen, in welcher Reihenfolge das Zähneputzen verläuft. Zunächst das Wasser in den Becher geben, dann die Zahnpasta in richtiger Menge auf die Zahnbürste geben und von oben bis unten (von rot zu weiß – vom Zahnfleisch zum Zahn) die Zähne putzen. Zeigen Sie Ihrem Kind das richtige Mundausspülen sowie ausspucken und wie es den Mund trockentupfen kann. Jetzt beginnt der zweite Teil, in dem Ihr Kind Ihnen nachmacht und versucht, sich seine Zähne nach diesem Muster zu putzen. Bei Bedarf helfen Sie Ihrem Kind natürlich, hinterher putzen Sie mit Erklärungen die Zähne Ihres Kindes noch mal gründlich nach. Zum Schluss putzt sich Ihr Kind mit dem Waschlappen seinen Mund und schaut in den Spiegel, ob sein Gesicht sauber ist. Die Sanduhr wird dann umgedreht, sobald Ihr Kind anfängt, Ihnen nachzumachen und die Zähne putzt. Sie dient lediglich als ungefähre Orientierung, damit es einschätzen kann, wie lange die Zähne geputzt werden sollen. Im Grunde dauert das Zähneputzen so lange, bis die Zähne alle sauber sind. Das Zähneputzen sollte nicht an eine feste Zeit gebunden sein, da das Kind dann beim Ablaufen der Zeit unter Druck steht und möglicher-weise deswegen die Zähne schneller und nicht mehr so gründlich putzt.

10. Übung Schuhe putzen

Bei dieser Übung wird die Selbstständigkeit gefördert, das Verantwortungsgefühl gegenüber dem Besitz gestärkt sowie die Geschicklichkeit gefördert.

Dafür benötigen Sie:

- eine alte Zeitung,
- eine Kinderschürze,
- einen oder zwei schmutzige Schuhe,
- eine grobe Schmutzbürste,
- eine weiche Bürste,
- ein feuchtes Tuch,
- ein Poliertuch,
- Schuhcreme.

Sie bereiten alle nötigen Utensilien auf einem Tisch oder dem Fußboden vor. Falls Sie mit dem Kind auf dem Fußboden üben, benötigen Sie noch zwei Sitzhocker. Nun breiten Sie die Zeitung aus und stellen die Schuhe mittig drauf. Auf dem Rand werden alle übrigen Utensilien platziert. Sie zeigen nun dem Kind, in welcher Reihenfolge die Schuhe wie geputzt werden, indem Sie alle Vorgänge nacheinander und langsam andeuten und dabei erklären. Danach versucht das Kind, die schmutzigen Schuhe in der ihm gezeigten Reihenfolge zu säubern. Um den Vorgang kurz zu verdeutlichen: Zuerst wird mit der groben Bürste der erste Schmutz abgebürstet. Wenn noch etwas Schmutz übrigbleibt, wird dieser mit dem feuchten Tuch abgewischt. Nun wird mit der weichen Bürste die Schuhcreme aufgetragen und eingerieben. Ungefähr 20 Minuten bis eine halbe Stunde warten, bis die Creme eingezogen ist. Nun wird mit dem Poliertuch der Schuh sauber und glänzend poliert. Nachdem alle Schuhe geputzt wurden, wird der Dreck auf der Zeitung in den Mülleimer geschüttet und die Zeitung kommt zum Altpapier. Zum Schluss werden sich die Hände gewaschen und die Schürze, die vor dem Putzen umgelegt wurde, kann wieder ausgezogen und an ihren Platz gebracht werden.

11. Bett machen

Mädchen beizubringen, wie Betten gemacht werden, ist tatsächlich einfacher, als es Jungs zu zeigen. Das liegt daran, dass Mädchen ohnehin gern mit Puppen spielen und diese miteinbeziehen kann. So zum Beispiel kann das Kind der Puppe sein Bettchen nach dem Aufstehen schön zurechtmachen und vorher die Bettdecke sowie das Kopfkissen aufschütteln. Sie können es am Puppenbett gut demonstrieren und die „Puppe" macht es nach. Wenn das Kind als Puppenmama das Puppenbett machen kann, können Sie es auf das richtige Bett übertragen. Sie zeigen Ihrem Kind am Kinderbett noch einmal die richtige Reihenfolge und lassen dann Ihr Kind probieren, die Bettwäsche aufzuschütteln und dann ordentlich zu gestalten. Falls Ihr Kind einen Hocker dafür benötigt, lassen Sie es während des Aufschüttelns darauf steigen. Mit der Zeit bekommt Ihr Kind immer mehr Feingefühl und Routine beim Bettenmachen, dass es irgendwann das Bett selbst machen kann. Beim Jungen beginnen sie gleich beim Kinderbett und zeigen es ihm Schritt für Schritt, wie er am besten sein Bett machen kann. Mit etwas Routine wird auch Ihrem Sohn diese Tätigkeit leicht von der Hand gehen.

12. Übung Pflanzen gießen

Pflanzen pflegen ist für die meisten Kinder eine schöne Übung und tolle Erfahrung, mit der ruhig begonnen werden kann, sobald das Kind läuft. Pflanzenpflege steigert das Bewusstsein und die Achtsamkeit im Umgang mit der Natur, fördert das Verantwortungsbewusstsein und veranschaulicht den Kreislauf des Lebens. Vornweg die wichtigste Grundregel: **Alle Pflanzen, mit denen das Kind arbeitet, müssen ungiftig sein!** Der Kreislauf des Lebens an Pflanzen wird sehr deutlich veranschaulicht. Gießen wir die Pflanzen regelmäßig und pflegen sie, dann werden sie blühen und gedeihen. Vernachlässigen wir sie für einige Tage, lassen sie ihre Köpfe hängen, werden braun und verwelken. Damit Kinder die Pflanzen pflegen können, müssen sie mühelos für sie zu erreichen sein. Auch hier gilt das Prinzip der vorbereiteten

Umgebung. Das Kind benötigt ebenso ständigen Zugang zu den Pflegeutensilien, damit es die Pflanzen zwischendurch selbstständig pflegen kann.

Pflanzen, die ausschließlich Ihr Kind pflegt, können standfest und sicher in eine Holzkiste gestellt werden. Ideal ein Übertopf, damit die Pflanze noch standfester ist. Die Utensilien, die Ihr Kind benutzt, sollten nur ihm allein gehören und daher natürlich kindgerecht sein. Diese Utensilien befinden sich idealerweise in einer kleinen Kiste an dem festen Platz, den Sie gemeinsam mit Ihrem Kind ausgesucht haben. Das kann eine Ecke im Wohnzimmer oder Esszimmer sein, wenn das Kind schon alt genug ist, dann ist sogar eine Ecke im Kinderzimmer denkbar. Erklären Sie Ihrem Kind, das bei der Pflanzenpflege ebenfalls eine Ordnung wichtig ist und hinter alles wieder auf seinen Platz gehört, das Entfernen von eventueller Erde und Pflanzenteilen entsorgen ebenfalls. Zu den Utensilien für Ihr Kind gehören eine Sprühflasche (am Anfang gern aus Kunststoff, später kann sie gegen eine aus Edelstahl getauscht werden), eine kleine handliche Gießkanne (im Handel sind Kindergießkannen erhältlich), zwei kleine Vasen, einen Blumentopf, ein Paar kleine Gartenhandschuhe und eine kleine Kiste mit Putzlappen und Schwamm. Bei Kindern eignen sich am besten Pflanzen, die pflegeleicht, robust, ganzjährig und schnell wachsend sind.

Dazu zählen

- der Geldbaum,
- die Dattelpalme,
- die Goldfruchtpalme,
- die Bananenpflanze,
- der Schildfarn,
- das Usambaraveilchen,
- sämtliche Kräuter und Gemüsepflanzen.

Besonders bei Palmen können Kleinkinder die Blätter mit einem Schwämmchen vorsichtig und regelmäßig vom Staub befreien. Eine Arbeit, die Spaß bereitet und bei der es sichtbare Erfolge gibt. Im Frühling und Sommer macht es den Kindern Freude, die Pflanzen einmal täglich, am besten abends, mit der Sprühflasche zu besprühen. Auch das eine Aufgabe mit sichtbarem Erfolg.

Für das Gießen legen Sie am besten einen Wischlappen bereit und achten die erste Zeit darauf, dass nicht zu oft und zu viel gegossen wird. Es ist wichtig, dass Kinder bei der Pflanzenpflege mit Erde Handschuhe tragen. In der Erde sind viele Bakterien und teilweise Maden oder Eier von Würmern, die mit bloßem Auge nicht zu sehen sind. Da besonders Kleinkinder sich gerne die Hände in den Mund stecken oder sich ans Gesicht fassen, sollte auf doppelte Hygiene beim

Gärtnern geachtet werden. Sie können jederzeit auf Seramis umsteigen. Das ist weit ungefährlicher und auf Dauer effektiver, da nicht so oft gegossen werden muss durch die hohe Speicherkraft an Flüssigkeit des Granulats und die Pflanzen gedeihen besser. Außerdem müssen Pflanzen mit Seramis ab und an gedüngt werden, was Ihrem Kind mit Sicherheit sehr viel Freude bereitet. Das Düngen darf jedoch nur unter Aufsicht geschehen und der Dünger nicht frei zugänglich sein.

13. Übung Staub wischen
Beim Staubwischen helfen fördert die Selbstständigkeit, sein Selbstbewusstsein sowie ein Gefühl und Bewusstsein für die Ordnung. Am meisten Spaß macht das Staubwischen gemeinsam mit Ihrem Kind. Wichtig ist dabei jedoch, dass Ihr Kind jede Oberfläche erreicht und daher in jedem Zimmer ein Hocker für Ihr Kind bereitsteht. Sie benötigen dafür jeder ein Staubtuch und je nach Möbel Art Möbelpolitur. Suchen Sie stets gemeinsam mit Ihrem Kind ein Möbelstück aus, das sie gemeinsam putzen möchten. Zeigen Sie Ihrem Kind in Trockenübungen zuerst, wie Staub gewischt wird, dann macht es Ihr Kind Ihnen nach. Sollte Politur nötig sein, geben Sie ein, zwei Tropfen auf eine kleine Stelle, die Ihr Kind dann ordentlich polieren. Bei dieser Übung ist der Erfolg ebenfalls gut sichtbar, was zudem eine Fehlerkontrolle erleichtert.

14. Übung Wäsche waschen/ aufhängen

Beim Wäschewaschen helfen umfasst viele Arbeiten, die die Hand-Auge-Koordination, das Gefühl der Ordnung sowie die Feinmotorik schulen. Zu den vielfältigen Aufgaben, bei denen das Kind beim Wäschemachen helfen kann, gehören unter anderem Wäsche sortieren nach Farben, Handtücher extra sortieren, Wäsche in die Maschine geben, fertige Wäsche aus der Maschine holen sowie klei-ne Wäschestücke (Socken, Waschlappen, Gästehandtücher, Unterhosen) aufhängen. Dafür gibt es kindgerechte Wäscheständer oder man hängt eine Leine einfach tiefer. Wäsche aufhängen kann ganz leicht mit dem Wäscheaktionstablett (siehe oben) geübt werden.

5.7 Natur entdecken

Für Maria Montessori war anschaulicher Unterricht sehr wichtig, besonders in Bezug auf die Natur. Daher ist einer der Grundsätze von Maria die Beziehungsarbeit in der Natur, da sie zur aktiven Handlung führt und in direktem Kontakt mit der Umwelt steht. Wenn Kinder von Anfang an der Kontakt zur Natur ermöglicht wird, entwickeln sie eine unglaubliche Liebe zu ihr. Das Bewusstsein, die Natur schützen zu müssen, entwickelt sich und kann durchaus dazu führen, dass sich aus von Montessorischülern entstandene neue Berufe in Bezug auf Natur und Umwelt ergeben. In Montessorieinrichtungen wird viel Zeit in und mit der Natur verbracht. Jede Woche werden andere Aspekte der Natur erforscht, stets in den Bereichen Tiere und Pflanzen. Lernen in der Natur bringt folgende Vorteile:

- die Gemeinschaft innerhalb der Lerngruppen wird gestärkt,
- ein forschendes Lernen treibt zum Ehrgeiz an und fördert die Selbstständigkeit,
- die Kinder lernen fürs Leben und auf ganzheitlicher Ebene,
- in der Natur befinden sie sich in einer differenzierten Lernsituation,
- ein Lernen im Wechsel mit der Natur sowie Vorbereitungsmaterialien,
- nach dem konzentrierten Arbeiten in der Natur werden dort Ruheräume geschaffen.

Maria Montessori sagte über die Natur:

„Wenn das Kind hinausgeht, bietet sich ihm die Welt selbst dar. Veranlassen wir das Kind hinauszugehen, zeigen wir ihm die Dinge aus der Wirklichkeit, anstatt Gegenstände herzustellen, die Begriffe darstellen und dann im Schrank eingeschlossen sind." [10]

Durch den regelmäßigen Aufenthalt in der Natur beginnen Kinder automatisch Fragen zu stellen, sich näher mit der Natur

129

und Umwelt zu befassen und sie machen sich dadurch automatisch Gedanken. Sie forschen, entdecken, experimentieren und äußern selbstständig Vermutungen. Das ist die Art von Lernen und Wachsen an Dingen, wie Maria Montessori es als Ziel ihrer Forschungen angedacht hat: Lernen mit allen Sinnen, ganzheitlich und mitten in der Natur. Tägliche Spaziergänge sollten in den Tagesablauf eingeplant werden, und wenn es nur eine halbe Stunde rund um das Wohnviertel ist. Ideal ist eine Strecke, auf der es unterschiedliche Dinge zu entdecken gibt und ein wenig Grün vorhanden ist. Versuchen Sie so gut es geht, das Kind mit einzubeziehen und den Spaziergang zu etwas Besonderem werden zu lassen. Seien Sie stets ein gutes Vorbild und gehen mit Ihrem Kind bei jedem Wetter an die frische Luft, es sei denn, ein Gewitter zieht auf. Es gibt kein schlechtes Wetter, nur falsche Kleidung. Regen gehört genauso zur Natur wie strahlender Sonnenschein, Schnee und Kälte genauso wie Hitze und Wind. Jedes Wetter hat seine Vorzüge und bietet jede Menge Entdeckungen. Schnee können Kinder in geringen Mengen „naschen", indem sie ein bisschen daran lecken oder etwas probieren. Schnee kann angefasst werden, zerrieben, zu einem Ball geformt und zu einem Schneemann verbaut werden.

Schneeballschlachten machen Spaß, rodeln ebenfalls und in der Sonne glitzert Schnee. Alles Aktivitäten, die sämtliche Sinne ansprechen und mit denen experimentiert werden kann. Regen fällt unterschiedlich auf die verschiedensten Oberflächen, hört sich dementsprechend immer anders an, kann aufgefangen werden und ist je nach Wetterlage warm oder kalt. In Pfützen springen und Regentonnen aufstellen sind nur einige Möglichkeiten, mit Regen zu experimentieren. Spaziergänge in den Wald oder in Parks laden zu einem gemütlichen Picknick ein, es können Kastanien, bestimmte Blätter oder Pflanzen gesucht werden. Im Frühling oder Sommer lädt die Natur zum Barfußlaufen ein. Sehr interessant sind Erlebnistage, an denen Sie eine etwas längere Wanderung einplanen können. Sie dauert etwa den ganzen Tag, ihr Ziel vielleicht eine romantische Hütte im Wald, eventuell ein Ausflugsziel. Planen Sie Pausen ein und am Ziel angekommen kann das Kind sich erst mal ausruhen, bevor es auf den Rückweg geht. Kleine Baumhäuser bauen aus Ästen, die auf dem Boden liegen, den Vögeln lauschen, dem Brummen und Summen der Fliegen und Bienen zuhören, den Grashüpfern zuschauen, sich im Wind wiegende Büsche und Bäume beobachten, es gibt eine Menge zu entdecken im Wald, in Parks, auf Feldwegen.

Ein sehr stark ausgeprägter Instinkt von Kindern ist die gewissenhafte und regelmäßige Pflege von Pflanzen oder/und Tieren. Daher fällt es leicht, sie dafür zu motivieren und interessieren. Durch diese Arbeit erfahren Kinder, dass die

Natur sie braucht, dass es wichtig ist, sich um sie zu kümmern. Pflanzen brauchen regelmäßig Wasser, Tiere Futter und Aufmerksamkeit. Die kindliche Fürsorge kann vielfältig gefördert werden. Es ist für Kinder zum Beispiel sehr aufregend, wenn sie beobachten, wie Vögel ein Nest bauen, wie die Kleinen gefüttert und später flügge werden. Erst recht das Schlüpfen von Jungen ist eine prägende Erinnerung für Kinder. Wenn Ihr Kind beobachtet, wie ein Vogelpärchen sein Nest baut, kann es mit Wattebäuschen, kleinen Zweigen oder Baumwollfäden dem Vogel dabei helfen, indem es ihm diese Dinge zurechtlegt.

Nicht uninteressanter ist die Pflanzenwelt. Dort gibt es je nach Jahreszeit viele Dinge zu bestaunen. Allein die Vielfalt der Düfte, die von Blumen, Bäumen und Sträuchern ausgeht, ist phänomenal. Der Farbenwechsel während der Jahreszeiten, das Öffnen und Schließen der Knospen und Blüten, das Erkennen erster Früchte am Baum, sobald die Blüte verwelkt ist, all das sind kleine Wunder, an denen Ihr Kind begeistert teilnimmt. Säen und ernten macht Kindern selbstverständlich viel Spaß. Genauso viel Spaß macht es ihnen, selbst gezogene Kräuter in Lebensmitteln zu verarbeiten, wie Schnittlauch oder Petersilie in Quark untermischen oder Dill einfach auf das Butterbrot zu streuen. Wichtig ist die Abwechslung bei der Arbeit in und mit der Natur. Das Ziel ist nur untergeordnet, Kindern ist die

Aufgabe an sich wichtig. Sie wollen Bewegung, ein Teil der Erwachsenenwelt sein, etwas Nützliches tun können, Erfolge sehen und einfach wissen, dass sie einen wichtigen Beitrag für die Natur leisten. Das kann sogar das Unkraut jäten sein, das Rechen von Laub oder das Fegen des Gartenweges. Das Arbeiten in der Natur ist ein wichtiger moralischer Punkt in der Erziehung. Maria Montessori sagte zu der Beziehung, die zwischen Kindern und dem zu pflegenden Lebewesen entsteht:

„Zwischen dem Kind und dem Lebewesen, das es versorgt, entsteht eine geheimnisvolle Beziehung, welche das Kind dazu veranlasst, bestimmte Tätigkeiten von sich aus zu vollziehen. Sie führen also zu einer Selbsterziehung. Die Belohnung, die das Kind erhält, bleibt bei ihm und der Natur." [11]

Mit der Pflege der Natur, egal, ob es sich um Pflanzen oder Tiere handelt, lernen Kinder Geduld und die dazu nötige Fähigkeit des Wartens kennen. Außerdem werden sie mit der Zeit selbst Schlussfolgerungen daraus ziehen können, dass Pflanzen und Tiere unterschiedlich gedeihen und verschiedene Dinge für ihre Entwicklung benötigen. Manche Pflanzen wachsen schneller, andere ganz langsam, manche Pflanzen brauchen mehr Sonne, andere blühen länger. Nicht jedes Tier verträgt das gleiche Fressen, manche müssen dreimal täglich fressen, wieder andere benötigen nur eine Mahlzeit am Tag. Selbst wenn Sie nicht viel Platz zu Hause haben, auf einem Fensterbrett gedeihen sehr gut Kräuter.

1. Wettersteine basteln

Wettersteine sind eine tolle Sache bei jedem Wetter. Sie können nicht nur das aktuelle Wetter kennzeichnen und anzeigen, sie dienen auch prima als Grundlage über Diskussionen der Wetterphänomene des jeweiligen Wetters. Sie brauchen dafür viele flache, mittelgroße Steine, die eine gute Fläche zum Bemalen bieten. Am besten eignen sich dafür flache Flusssteine. Dann benötigen Sie noch verschiedene Pinsel sowie Acrylfarben und Acryllack. Am meisten Spaß macht es natürlich, die Steine gemeinsam in einem flachen Fluss oder Bachlauf zu suchen. Dann können Sie gemeinsam mit Ihrem Kind während des Sammelns überlegen, welcher Stein sich für welches Wetter am besten eignet. Wenn Sie alle nötigen Steine gesammelt haben (in der Regel etwa an die 15 Stück), werden sie gewaschen und gut getrocknet. Damit die Farben auf den Steinen besser wirken, sollte jeder Stein weiß grundiert werden. Nachdem die Grundierung getrocknet ist, werden mit verschiedenen Acrylfarben die Motive auf die Grundierung gemalt. Das können Wolken, Blitze, Regentropfen, Sonne, Sonnenstrahlen, Wind, Eiskristalle, Eiszapfen, Schneemänner, Schneeflocken, Sonne und Wolken, die Nacht, der Tag und

MAMA, ICH KANN DAS!

viele andere Wetterphänomene sein. Wenn die Motive fertig sind, die Steine wieder trocknen lassen, bis zum Schluss die Steine mit mattem oder glänzenden Acryl-Lack versiegelt werden. Auch den Lack wieder trocknen lassen.

Spielideen mit Wettersteinen Erzählrunde
Legen Sie einen Tag in der Woche fest, an dem Sie mit dem Wetterstein arbeiten möchten oder planen Sie dieses Ritual täglich ein. Ihr Kind nimmt den passenden Wetterstein für den Tag und erzählt Ihnen alles, was es über das Wetter weiß. Was passiert bei diesem Wetter, was kann man alles unternehmen und was folgt danach? Zum Beispiel gibt es nach starkem Regen mit Sonne einen Regenbogen (auch ein schönes Motiv für einen Wetterstein), nach einem Gewitter scheint die Sonne manchmal und wenn der Himmel schwarz wird, kommt oft ein Unwetter. Legen Sie alle Steinchen zusammen, die in der Erzählung vorgekommen sind und so haben Sie eine schöne „Steingeschichte". Eine schöne Variante ist die, dass Ihr Kind fünf Wettersteine aus einem Beutel zieht und anhand dieser Steine müssen Sie oder Ihr Partner oder Geschwisterkinder eine Geschichte erzählen.

2. Flüsterstein
Interessant ist besonders für sehr aktive Kinder, die Variante als Flüsterstein. Das Kind nimmt sich als kleine Auszeit ein bis drei Steine und zieht sich damit in seine Ruhezone zurück. Nun

konzentriert es sich auf diese Steine (es kann auch nur einer sein) und hört den Steinen aufmerksam zu. Wer weiß, vielleicht haben sie wirklich eine Geschichte erzählt, die Ihnen Ihr Kind später gern erzählen möchte. Positiver Nebeneffekt: Ihr Kind hört in seiner Stille und Konzentration Geräusche, die es sonst nicht bewusst vernommen hätte. Zum Beispiel das Zwitschern der Vögel, das Tropfen des Wasserhahns oder die leisen Schritte eines Familienangehörigen in der Wohnung.

3. Entdeckerkarten

Entdeckerkarten können für jedes beliebige Ausflugsziel gestaltet werden. Sei es für den Garten, den Park, den Wald, einen Ausflug in den Zoo oder ein Picknick im Grünen. Sie benötigen dafür entweder Papp- oder Tonkartonquadrate (10x10 cm) sowie ausgedruckte Bilder oder Buntstifte für selbst gemalte Bilder. Je nachdem, wo Sie mit Ihrem Kind hingehen, bemalen oder bekleben Sie nun die Karten mit bestimmten Motiven. Für den Wald können das folgende Motive sein: bestimmte Baumarten wie Eiche, Buche, Tanne. Tiere wie Fuchs, Hase oder Käfer. Pflanzen wie Farn, Pilze, Moos, Gräser. Blätter oder Baumfrüchte wie Tannenzapfen, Bucheckern, kleine Zweige von Kiefern. Für einen Ausflug im Park oder auf Feldwegen sind es Dinge wie Jägerhochsitze, Maulwurfhügel, bestimmte Pflanzen etc. Nehmen Sie auf Ihren Ausflug einen Beutel mit. Immer, wenn Ihr Kind etwas entdeckt hat, was auf den Karten zu sehen ist, wird die Karte in den Beutel gelegt. Zu Hause können Sie Ihre Ausbeute nochmal betrachten und den Tag Revue passieren lassen.

4. Sieben

Das wahrscheinlich simpelste Spiel aller Zeiten ist das Sieben von Sand, Kies und anderen ähnlichen Materialien. Hier ist die Aufmerksamkeit und Beobachtungsgabe der Kinder gefragt sowie die richtige Zuordnung. Dafür brauchen Sie im Grunde nur einen Sandkasten (ein sauberer öffentlicher Sandkasten ist auch völlig in Ordnung) sowie vier, fünf kleine Schüsseln, in die Ihr Kind sein Siebgut sortieren kann und ein Sieb. Da können Sie entscheiden, ob es ein Haushaltssieb oder ein Sandspielzeugsieb sein soll. Lassen Sie Ihr Kind sieben, solange es möchte und nach jedem sieben sortiert es sein Siebgut in die Schüsseln. Steine, Kies, Lehm, kleine Stöckchen, was immer auch im Sand steckt. Am Ende darf Ihr Kind zählen, wie viel es wovon gefunden hat.

5. Spurensuche

Das geht nur im Winter, wenn ganz viel Schnee liegt. Gehen Sie mit Ihrem Kind in den Park oder Wald und entdecken Sie mit ihm Tierspuren. Versuchen Sie herauszufinden, welches Tier auf den Wegen gegangen ist.

6. Vögel erkennen und bestimmen

Eine sehr lustige und spannende Übung in der Natur ist das Erkennen von Vogelarten. Dafür sollten Sie sich vorher einige Zeit mit Ihrem Kind mit Vögeln beschäftigen. Wie die heimischen Vogelarten aussehen, welchen Gesang oder Stimme sie haben, wo sie sich am liebsten aufhalten. Nützlich ist dabei ein Fernglas, besonders wenn Sie auf Feldwegen oder in Naturschutzgebieten unterwegs sind, in denen Sie nicht von den Wegen abweichen dürfen. Ein selbst gebasteltes Bestimmungsbuch sollten Sie dabei haben, es kann gute Hilfestellung bei der Erkundung geben. Je öfter Sie versuchen, Vogelarten mit Ihrem Kind zu erkennen, desto einfacher wird es Ihrem Kind fallen, die Vögel zu bestimmen.

7. Baum, ich kenne dich

Ein sehr schönes Spiel, das man eigentlich bei jedem Wetter draußen spielen kann, wo es viele verschiedene Bäume gibt. Sie brauchen dafür etwa einen Ort, an dem mindestens zehn Bäume stehen, einen Schal als Augenbinde sowie ein neugieriges und wissbegieriges Kind. Verbinden Sie Ihrem Kind nun die Augen und führen es zu einem beliebigen Baum. Ihr Kind kann den Baum nun anhand von tasten, riechen, umarmen, streichen usw. erkunden. Geben Sie ihm die Zeit dafür, die es benötigt, um sich mit dem Baum zu „vereinen", ihn kennenzulernen. Dann gehen Sie mit Ihrem Kind zurück zum Ausgangspunkt und nehmen ihm die Augenbinde ab. Fragen Sie es, welchen Baum es gerade berührt hat und seien Sie sicher: Es wird den Baum erkennen. Je öfter Sie das spielen, desto schneller findet Ihr Kind seinen Baum wieder.

8. Der Wald braucht feine Ohren

Ein sehr schönes Spiel für die Lauscher, wenn es nicht gerade stark stürmt. Gehen Sie mit Ihrem Kind in einen Park oder eine Waldlichtung, an der es eine Sitzbank gibt. Setzen Sie sich auf die Bank und lauschen gemeinsam für etwa 15 Minuten, welche Geräusche Sie umgeben. Unterhalten Sie sich nicht dabei, sondern hören Sie bewusst zu. Das Rauschen der Büsche oder Baumwipfel, das Zwitschern der Vögel, das Summen der Bienen, das Schaukeln der Blätter, vom Wind verzerrte Stimmen anderer Besucher, Hundegebell und viele Geräusche mehr. Nach den 15 Minuten geht es dann mit der Erzählrunde los. Ein bisschen interessanter gestaltet sich das Ganze im Frühling oder Sommer, wenn Sie eine Decke mitnehmen und sich auf eine Wiese legen. Dann können Sie gemeinsam in die Wolken schauen, sich Geschichten ausdenken und überlegen, wie die Wolken aussehen. Vielleicht entdeckt Ihr Kind sogar nebenbei in Baumkronen oder einem nahe gelegenen Busch ein Eichhörnchen, einen Schmetterling, einen Vogel oder ein Vogelnest. Es gibt viele Abenteuer zu erleben.

9. Spannende Farbenrallye

Dafür brauchen Sie Bleistifte (so viel, wie daran teilnehmen) und jeweils einen Bogen DIN A Tonkarton, möglichst in heller Farbe. Nun malen Sie auf jedem Bogen Tonkarton untereinander neun Kreise in folgenden Farben: rot, gelb, grün, blau, schwarz, braun, orange, weiß, lila. Wenn Sie jetzt zum Spaziergang starten, schnappt sich jeder einen Zettel und einen Bleistift. Jeder soll nun diese Farben in der Natur finden. Sei es an Bäumen, Pflanzen, Wiesen, Blumen, Blättern, Tieren etc. Das gefundene Objekt wird dann in den jeweiligen Kreis gezeichnet. Am Ende des Spazierganges besprechen Sie dann Ihre Ausbeute. Wer hat was gefunden, haben mehrere Teilnehmer vielleicht das gleiche entdeckt?

10. Quiz

Gehen Sie mit Ihrem Kind in den Wald oder den Park. Markieren Sie dort eine Startlinie, am besten funktioniert das mit einem Stock oder Stein als „Stift" auf dem Schotterweg oder sandigen Weg. Sie stellen sich etwa sechs bis acht Meter entfernt von dieser Linie auf. Dieses Quiz wird mit mindestens zwei Spielern (oder einem Kind und einem Erwachsenen) gespielt. Nun stellen Sie Fragen über die Natur. Wer die Frage richtig beantwortet, darf einen Schritt nach vorne gehen. Wird die Frage falsch beantwortet, bleibt derjenige stehen. Wer zuerst bei Ihnen angekommen ist, hat gewonnen. Sie können

Fragen stellen wie „Ist der Baum dort eine Buche?" oder „Wie heißt der Baum dort drüben?". Lassen Sie Ihrer Fantasie freien Lauf, es können auch ganz allgemeine Fragen wie „Wachsen Kirschen auf einem Feld?" oder „An welchem Baum wachsen Bucheckern?" gestellt werden.

11. Himmel und Hölle anders
Wenn Sie mit Ihrem Kind im Park unterwegs sind, dann zeichnen Sie an einer etwas abgelegenen Stelle mit einem Stock ein Spinnennetz auf den Boden. Beginnen Sie außen mit großen Abständen, die Richtung innen immer kleiner werden. Die Abstände sollten jedoch so groß sein, dass Ihr Kind stets mit den Füßen reinspringen kann. Zuerst beginnt es, mit beiden geschlossenen Füßen in jede Lücke zu hüpfen. Zunächst bis zur Mitte, dann wieder den gleichen Weg zurück. Nun probiert Ihr Kind, mit dem rechten Fuß alle Lücken zu erreichen, im letzten Durchgang mit dem linken Fuß. Wenn Sie ganz mutig und sportlich sind, machen Sie es Ihrem Kind nach. Wer ist der Sieger?

12. Bingo
Bingo mal anders. Zeichnen Sie so viele Bingokarten, wie Teilnehmer mitmachen. Dafür halbieren Sie einen DIN-A4-Zettel und jeder Mitspieler bekommt einen Zettel. Nun zeichnen Sie ein Quadrat mit 5 mal 5 gleich großen Kästchen. Nun hat jeder Spieler 25 Kästchen, in die Sie 25 Begriffe

schreiben, die in der Natur zu finden sind. Das sind zum Beispiel Eicheln, Kastanien, Löwenzahn, Klee, bestimmte Baumarten, Pilze, Fliegen, Eichhörnchen, Bienen, Hummeln, Vögel, Blumenarten, Sand, Erde, Marienkäfer und vieles mehr. Ganz wichtig: Jeder Zettel ist anders angeordnet. Sie notieren die Naturobjekte auf jedem Zettel an einer anderen Stelle. Nun kreuzt jeder auf dem Spaziergang das Kästchen mit dem Objekt durch, das er gesehen hat. Legen Sie vorher eine ganz bestimmte Route fest über einen bestimmten Zeitraum. Am Ende der Route wird verglichen, wer ein Bingo hat und möglicherweise wie viele.

13. Sinnspiel

Dieses Spiel würde Maria Montessori besonders gut gefallen, da es in der Natur stattfindet und alle Sinne dabei angesprochen werden. Denken Sie sich je nach Wetterlage ein bis maximal zwei Aktivitäten aus, die Ihr Kind oder Ihre Kinder während eines Spazierganges machen sollen. Bei schönem Wetter können das folgende Aktivitäten sein:

- den Geräuschen im Park oder Wald zu lauschen (sitzend oder liegend),
- den Enten und Schwänen auf einem Teich oder See zuzuschauen,
- an Pflanzen und Blumen riechen,
- Käfern oder Ameisen bei der Arbeit zusehen,

- eine Wiese mit einer Lupe erkunden,
- mit gemähtem Gras Grasbetten bauen.

Bei Regen oder Schnee können das folgende Aktivitäten sein:

- Tierspuren im Schnee erkennen,
- einen Schneemann bauen,
- ein Iglu bauen,
- selbst Spuren im Schnee hinterlassen,
- in Pfützen springen,
- Schneeengel machen,
- beobachten, wie der Regen auf dem Boden aufkommt.

SCHRITT 6

DEN EXTRASCHRITT GEHEN

„Die höchste Ehre aber und die tiefste Dankbarkeit können Sie mir erweisen, wenn Sie dahin schauen, wohin ich deute – auf das Kind."

Maria Montessori

MAMA, ICH KANN DAS!

6.1 Stark bei Problemen und Herausforderungen bleiben

Maria Montessori sagte über ihren Ansatz, Kinder in ihrer Selbstständigkeit zu fördern, sie dazu ermuntern, Eigenmotivation zu entwickeln sowie sie ungestört ihren individuellen Lernprozess durchmachen zu lassen sei wichtig:

„Wir sehen klar die Abschnitte der Befreiung des Kindes von Erwachsenen: Die Zähne geben ihm die Möglichkeit, sich unabhängig von seinen Eltern ernähren zu können, das Laufen bedeutet, sich ohne Hilfe der Erwachsenen fortbewegen zu können, und das Sprechen ist der Beginn, sich mitteilen zu können und nicht mehr von der Auslegung der persönlichen Wünsche durch den Erwachsenen abhängig zu sein."
[12]

Wer die Montessori Pädagogik anwendet, egal, ob zu Hause oder in einer solchen Einrichtung (beides in Kombination spricht für die optimale Entwicklung eines jeden Kindes) hat stets die bestmögliche Entfaltung für das Kind im Auge. Eine kindgerechte, stets dem Alter angepasste Entwicklung auf individueller Basis, ohne Eingreifen von außen als Begleiter, der im Falle eines Bedarfs Hilfestellung gibt, das ist Erziehung im Sinne von Maria Montessori. Da wir Außenstehenden die Entwicklungen und erlernten Fähigkeiten unserer Kinder nicht sofort erkennen oder im Alltag bemerken, ist eine logische Schlussfolgerung. Schließlich vollziehen unsere Kinder diese Entwicklung als inneren Prozess, der sie festigt, motiviert, Vertrauen in ihnen weckt und fit fürs Leben macht.

Wir merken es erst, wenn sich dieser Prozess so stark verinnerlicht und bis zur Vollendung vollzogen hat, indem unsere Kinder im Alltag plötzlich Arbeiten erledigen, die sie vorher nicht konnten. Oder sie wissen sich richtig zu artikulieren, bringen sich wie selbstverständlich im Haushalt mit ein und möchten ein Teil vom Ganzen sein. Daher ist es sehr wichtig, dass wir ihnen diese stille Entwicklung lassen. Wenn wir manchmal denken, dass unser Kind überhaupt keine Fortschritte macht, dann täuscht das. Unsere Kinder entwickeln sich individuell, im Inneren für sich. Das stellt uns Eltern selbstverständlich vor eine bislang unbekannte Aufgabe. Die Selbsterziehung des Kindes, wie Maria es wollte, steht im Vordergrund, mit völlig anderen Aspekten wie in der herkömmlichen Erziehung. Maria ging es darum, dass das Kind von den Erwachsenen verstanden wird. Wir als Eltern müssen unseren Standpunkt ändern, den Fokus allein auf unser Kind richten, jedes für sich, jedes als Individuum betrachtet. Und diese neue Einstellung zur alternativen Erziehung müssen wir

unseren Kindern anvertrauen. Das Maria Montessori Arbeits-
und Lernmaterial gibt dabei viele Hilfestellungen, Sie sind nicht
damit auf sich allein gestellt. Viele Übungen haben zum Ziel,
das soziale Verhalten zu trainieren, Rücksicht aufeinander zu
nehmen, dem anderen respektvoll gegenüberzutreten,
Hilfsbereitschaft in Situationen zu entfalten, wann immer es
nötig ist. Kinder, die stetig in einer vorbereiteten Umgebung
arbeiten und zu Hause auch leben, handeln selbstbewusst, sind
voller Selbstvertrauen und kommen daher besser durchs Leben
als manch anderes Kind. Diese Kinder wandeln sich von Zeit
zu Zeit, durch ihren stillen Ausbau ihrer Fähigkeiten, immer
dann, wenn ihr Körper und Gehirn signalisiert, dass nun die
nächste Phase wartet und die erlernten Fähigkeiten bis dato
ausgereift sind. Über diese Wandlung sagte Maria Montessori:

*„Die Erscheinung, die wir Bekehrung nennen, ist die
Eigentümlichkeit des Kindesalters. Es handelt sich um
eine rasche Änderung, die manchmal von einem
Augenblick zum anderen eintritt und immer dieselbe
Ursache hat. Es ließe sich kein einziges Beispiel von
Bekehrung anführen, das nicht zusammenhängt mit
der Konzentration der Aktivität einer spannenden,
interessanten Arbeit! Es sind die verschiedensten
Bekehrungen, die auf diese Art zustande kommen, ob
nun Aufgeregte sich beruhigen, oder Unterdrückte sich*

aufrichten, das geschieht immer auf demselben Weg der Arbeit und Disziplin. Darauf folgt der spontane Fortschritt, getragen von einer inneren Kraft, die zum Vorschein kommt, sobald sie ein Ausfallstor gefunden hat. „[13]

Daher ist es für Eltern unerlässlich, sich in Geduld zu üben, Ruhe zu bewahren sowie sich stets vor Augen zu halten, dass ihr Kind eine innere Entwicklung durchläuft, die für sein späteres Leben und die volle Entfaltung seiner Fähigkeiten wichtig ist. Wer sein Kind mit der Maria Montessori Pädagogik erzieht, schlüpft in eine Beobachter-Begleiter-Rolle und fungiert als Helfer. Er beeinflusst sein Kind nicht von außen, sondern gibt ihm lediglich Impulse und eine so gut vorbereitete Umgebung, dass das Kind sich selbstständig an neue Aufgaben wagen kann und motiviert seine Fähigkeiten ausbaut. Am Anfang mag es nicht einfach sein, gerade dann, wenn die Eltern im Umfeld andere Erziehungsstile bevorzugen. Sie wachsen mit der Zeit in Ihre neue Rolle hinein und möchten Sie garantiert nicht mehr tauschen wollen. Aber auch diese Wandlung braucht Zeit. Geben Sie sich diese Zeit! Üben Sie Geduld mit sich und gestehen sich Fehler ein. Nicht nur Kinder haben ihren persönlichen Lernprozess, jeder Mensch hat ihn und braucht das volle Potenzial, um optimale Leistung und beste Ergebnisse erreichen zu können.

Vielleicht hilft es Ihnen in Phasen, in denen Sie kaum Fortschritte bemerken oder resignieren möchten, weil Ihnen alles über den Kopf wächst, dass Sie und Ihr Kind eine Einheit bilden. Und diese Einheit wächst mit der Zeit noch enger zusammen, weil sie sich beide (oder drei oder vier) auf eine Ebene befinden. Sie haben das gleiche Ziel vor Augen, wobei Ihr Kind es von Anfang gewöhnt ist, selbstbestimmt aufzuwachsen und auf Ihre Kontinuität angewiesen ist. Wenn Sie plötzlich zu einem anderen Erziehungsstil wechseln, ist Ihr Kind stark überfordert und sein Leben wird nur noch aus Chaos bestehen. Mit der Montessori Pädagogik findet das Kind schließlich seinen Platz im Leben und wenn nun die innere und äußere Ordnung fehlt, woran soll sich Ihr Kind festhalten, woran soll es glauben und vor allem, wie soll es dann noch vertrauen können? Ihr Kind braucht die Sicherheit, dass Sie ihn liebevoll auf seinem Weg begleiten nach den ihm bekannten Konzepten der Maria Montessori Pädagogik, die Sie ihm vermitteln möchten und an dessen Arbeits- und Vorgehensweise es sich bereits gewöhnt hat. Auch Ihnen gibt die Montessori Pädagogik Sicherheit. Sie haben klare Vorgaben, ein Konzept und Grundprinzipien, die Ihnen helfen, Ihr Kind zu einem eigenständigen und selbstsicheren Menschen zu erziehen. Auf liebevolle Weise, als schützender Begleiter, ja, auch als guter Freund und ohne negativen Einfluss auf Ihr Kind zu nehmen. Sie lassen Ihr Kind sich so entwickeln, wie es wirklich ist, in der benötigten Zeit, die es braucht, um alle Fähigkeiten optimal erwerben zu können. Ihr Kind steht immer als Individuum im Mittelpunkt. Alles dreht sich um Ihr Kind, alles passt sich ihm an. Wie Sie bereits erfahren haben, sagte Maria aber auch, dass es zwar unerlässlich ist, sämtliche Prinzipien zu kennen, zu verstehen und umzusetzen. Jedoch sollte man sich manchmal nicht zu streng oder einfältig daranhalten. Reagieren Sie situationsbedingt, immer die Stärken und Schwächen Ihres Kindes im Auge. Wenn es Ihrem Kind hilft, dürfen Sie von einem Konzept mal abweichen oder es ändern. Drücken Sie zwischendurch ein Auge zu, wenn es Ihrem Kind schwerfällt, eine Fähigkeit zu erlernen oder es mehr Zeit benötigt, um sich an gewisse Regeln zu halten. Ändern Sie Ihr Konzept, kommen Sie Ihrem Kind entgegen und entscheiden Sie im Einzelfall intuitiv.

Nehmen Sie einen anderen Blickwinkel ein und Sie werden eine geeignete Lösung finden. Das ist besonders wichtig, wenn Sie mehrere Kinder haben. Jedes Ihrer Kinder ist anders, ein kleiner Mensch für sich, der andere Bedürfnisse als sein Geschwisterkind hat. Fördern Sie jedes Ihrer Kinder ganz nach seinem speziellen Bedarf, arbeiten Sie an Konzepten für seine Schwächen, aber bauen Sie auch ganz bewusst die Stärken aus. Dabei helfen die Arbeits- und Lernmaterialien und die vielen Erziehungsregeln, die Maria Montessori erstellt und die Sie bereits in diesem Buch erfahren haben. Schöpfen Sie alle möglichen Vorgaben und Konzepte aus, um Ihrem Kind die nötige „Ausbildung" und Fähigkeiten zu geben, die es braucht, um sich zu einem guten und selbstbewussten Menschen entwickeln zu können. Durch das selbstbestimmte, spielerische, ganzheitliche und anschauliche Lernen wird dem Kind der Schrecken des Lernens müssen genommen und es lernt eine Menge, ohne wirklich zu merken, dass es tatsächlich lernt. Geben Sie Ihrem Kind die Chance, ohne jeglichen Druck und effektiv im selbstbestimmten Tempo lernen zu können und sich weiterzubilden. Machen Sie es stark für sein späteres Leben. Lassen Sie es „natürlich" lernen, ohne Steuerung von außen durch Sie oder einen anderen Erwachsenen, allein durch die kindliche Neugier und eigenes Interesse am jeweiligen Material, für das es sich entscheidet. Freie Entfaltung beim Lernen führt zur Motivation des Kindes zur Selbsterziehung. Ihr Kind wächst quasi ganz durch sich allein. Gibt es etwas Schöneres?

Als Abschluss zu diesem Thema noch ein sehr schönes Zitat von Maria Montessori, welches sie treffender nicht hätte formulieren können:

„Die Eltern sind die Wächter des Kindes, aber nicht seine Bauherren. Sie müssen es pflegen und beschützen im tiefsten Sinne dieser Wörter, gleich einem, der die

heilige Aufgabe übernimmt, die über Anliegen und Begriffe des äußeren Lebens hinausreicht. Die Eltern sind über-natürliche Wächter wie die Schutzengel, von denen die Religion spricht, sie sind stärker als alle menschliche Autorität, und mit dem Kind durch Bande vereint, die unlöslich sind, mögen sie auch unsichtbar sein. Zu solcher Aufgabe müssen die Eltern die Liebe, die von der Natur ihnen in die Seele gelegt wurde, läutern und verstehen, dass diese Liebe der bewusste Teil eines noch tieferen Gefühls ist, das nicht durch Egoismus oder Trägheit des Herzens verdorben werden darf." [14]

6.2 Kraft tanken für die Eltern (Tipps)

Im Alltag zwischen Arbeit, Haushalt, Partnerschaft und Erziehung bleibt die persönliche Erholung oft auf der Strecke. Wir geben alles, denken ständig an andere und schon ist der Tag vorbei und es ist nahezu wieder Zeit zum Schlafen gehen. Zu spät oder zu müde zum Sport treiben, lesen, eine tiefe Unterhaltung oder einfach nur um zwanzig Minuten auf dem Sofa zu entspannen. Wir sind fast durchgehend gefordert im alltäglichen Trott und vergessen bei aller Nächstenliebe, Hilfestellung und guter Arbeitsleistung uns selbst. Dabei sind

Erholung und Ruhephasen wichtig, damit wir wieder Kraft tanken können, gesund bleiben und alles geben können.

Tatsächlich ist es möglich, sich Ruhezonen in den Tag zu bauen, auch mit Kleinkind. Dabei darf natürlich auch mal delegiert werden, denn nur einer allein kann nicht alles bewältigen. Manchmal hilft schon ein kurzes Telefonat mit den eigenen Eltern oder der besten Freundin oder ein schönes heißes Bad vor dem Schlafengehen. Dafür brauchen Sie jedoch die Zeit und volle Aufmerksamkeit. Das beste Telefonat nützt nichts, wenn während des Gesprächs das Kind durch die Wohnung flitzt und Ihre Nichtpräsenz ausnutzt, um ein wenig Unsinn machen zu können. Genauso wenig hilft ein Vollbad am Abend, wenn Ihr Partner mit Ihnen noch wichtige Dinge besprechen möchte oder der Hund dringend Gassi geführt werden muss. Deswegen sollte die eigene Auszeit höchst konzentriert sein und der Fokus nur auf Ihrem Wohlbefinden liegen. Gehen Sie planvoll vor. Machen Sie sich eine kleine Liste, was Ihnen guttun würde, wie viel Zeit das in Anspruch nimmt und wann es in Ihren Tagesablauf eingeplant werden kann. Gleichzeitig überlegen Sie, ob ein Babysitter oder ähnliches nötig ist und bitten Ihren Partner, wichtige Dinge nach Ihrer Auszeit zu besprechen. Wenn Sie Ihre Auszeit gefunden haben (es reicht völlig aus, wenn sie nur einmal die Woche stattfindet, dafür bewusst) legen Sie sich alles dafür bereit und denken Sie in

Laufe des Tages hin und wieder daran. Das steigert die Stimmung und lässt die alltäglichen Arbeiten leichter von der Hand gehen. Auch wenn wir unsere Kinder über alles lieben, gönnen Sie sich einmal im Monat oder alle zwei, drei Monate kinderfreie Zeiten. Es soll ja kein ganzer Tag draus werden (das ist zum Beispiel möglich, wenn die Kinder 15, 16 Jahre alt sind – dann ist es bei entsprechender Planung – Notfallnummer und eine Person, die mal nach dem Rechten schaut – sogar möglich, einen Wochenendausflug ohne Kind zu unternehmen). Bei Kindern bis 15 Jahre fragen Sie Ihre Eltern, Schwiegereltern oder eine Freundin, ob sie für drei bis fünf Stunden auf Ihr Kind aufpassen könnten, damit Sie mit Ihrem Partner essen gehen können, alleine einen Spaziergang machen, in Ruhe ein gutes Buch lesen oder die beste Freundin besuchen können, die Sie schon lange nicht mehr besucht haben. Sie ganz alleine wissen, was Ihnen guttut und was Sie brauchen, um wieder Kraft zu tanken und innere Ruhe zu finden.

Es gibt auch Wege, wie Sie den Alltag entschleunigen können, ohne allzu viel Kraft zu verlieren bzw. direkt Energie auftanken können. Folgende Beispiele können Ihnen helfen.

1. Raus in die Natur!

Was für Ihr Kind gut ist, kann Ihnen nicht schaden. Ganz im Gegenteil. Luft macht müde Glieder und Knochen munter, Ihr Gehirn tankt frischen Sauerstoff und Sie kommen auf andere

Gedanken. Fahrrad fahren, wandern oder ein larger Spaziergang, das sind Aktivitäten, die Sie mit Ihrem Kind, Partner oder bei einer Auszeit unternehmen können. Außerdem wirkt sich frische Luft positiv auf den gesunden Schlaf aus.

2. Abendruhe

Was sich ebenfalls positiv auf den Schlaf auswirkt, ist Ruhe vor dem Schlafengehen. Vermeiden Sie nach Möglichkeit, eine halbe Stunde vor dem Schlafengehen noch fernzusehen oder auf das Handy oder den Computer zu schauen. Getränke mit Tein oder Koffein eignen sich auch nicht als Getränk vor der Bettruhe, sie putschen nur auf. Leichte Kost, Kräutertee oder Wasser und in Ruhe etwas lesen oder noch ein wenig aufräumen verhindern negative Gedanken und fördern den Schlaf.

3. Ausgewogen ernähren

Ernähren Sie sich gesund und abwechslungsreich. Das stresst den Körper nicht zusätzlich Sie bleiben fit und gesund dabei. Ein schwerer Magen studiert bekanntlich nicht gern, ebenso wenig arbeitet er gern. Nach deftigem Essen ist man oft müde und lustlos, eine Pause ist zwingend nötig. Das passiert bei einer ausgewogenen Ernährung nicht. Der Energielevel ist immer höher und Kraft tanken ist nur für wenige Minuten nötig. Für eine höhere Konzentration zwischendurch schafft eine Handvoll Nüsse Abhilfe.

4. Es werde Licht

Sie mögen es kaum glauben, aber Licht bewirkt Wunder. Wer sich in lichthellen Räumen aufhellt, der ist zufriedener und erfolgreicher als Menschen, die sich in dunklen Räumen befinden. Licht vertreibt Müdigkeit sowie dunkle Gedanken, gepaart mit Sauerstoff der ideale Jungbrunnen. Deswegen sorgen Sie regelmäßig für frische Luft in den eigenen vier Wänden, indem Sie die Fenster etwa dreimal täglich für eine Viertelstunde ganz öffnen.

5. Tagebuch führen

Gewöhnen Sie sich an, ein Tagebuch zu schreiben. Es muss nicht täglich etwas notiert werden und auch nicht viel, aber schreiben Sie regelmäßig. Notieren Sie Ihre Gedanken, Gefühle, Wünsche, Ärger und Freude im Tagebuch. Schreiben befreit die Seele von Ballast, schafft ein gutes Gefühl und entspannt.

6. Akzeptieren Sie sich

Ein nicht unwichtiger Punkt ist die Selbstakzeptanz. Wer sich selbst akzeptiert mit all seinen Schwächen und Stärken, kommt leichter durchs Leben, oft mit Humor, und kommt nicht erst in Situationen, die negative Gedanken aufkommen lassen. Sie sind perfekt so, wie Sie sind. Fehler machen wir alle, Fehler sind menschlich und es wäre schlimm, fehlerfrei zu sein, denn wie sollen wir dann aus etwas lernen und es besser machen? Durch eine Selbstreflexion und einer Änderung bestimmter Verhaltensmuster wachsen wir an uns selbst und werden innerlich stärker. Wer sich selbst so liebt oder nimmt, wie er ist, der ärgert sich nicht über sein Verhalten und nimmt Situationen gelassen hin. Kommen Sie mal in eine Situation, bei der Sie nicht wissen, was Sie tun sollen, dann akzeptieren Sie auch die zunächst. Tief durchatmen, ein klarer Kopf und System führen uns aus schwierigen Situationen. Wenn wir verbissen nach Lösungen suchen, ist unser Gehirn blockiert. Machen Sie sich locker und die Gedanken werden fließen.

7. Weg vom müssen

Wer kennt es nicht? Der Tag ist nie so lang wie die Dinge, die wir noch erledigen müssen. Die Zeit rennt davon, das Kind quengelt, die Bücher müssen noch ins Regal eingeräumt werden und die Bügelwäsche wartet seit zwei Tagen im Wäschekorb auf Sie. Was tun? Ob Sie es glauben oder nicht, die Bügelwäsche wartet auch noch drei weitere Tage ganz geduldig darauf, geplättet zu werden. Und die Bücher können genauso gut am Abend eingeräumt werden wie in diesem Moment und mit helfenden Händen geht das übrigens schneller. Machen Sie sich frei, indem Sie vom „Ich muss aber unbedingt noch" Denken wegkommen. Sie müssen überhaupt nichts, außer sich und ihre Familie, ernähren und gut zueinander sein. Und manchmal auf Toilette gehen. Aber Spaß beiseite. Etwas aufzuschieben, was noch warten kann, reduziert Stress und macht den Blick frei für wichtigere Dinge. Konzentrieren Sie sich auf das Innere Ich, schauen Sie zurück, was Sie alles schon geschafft haben und richten dann den Fokus auf das Hier und Jetzt. Dann werden Sie ganz leicht den Unterschied zwischen wichtig und weniger wichtig feststellen. Setzen Sie Prioritäten und alles, was wirklich warten kann, sollte es auch tun. Erst alles notwendige erledigen, dann das mögliche erledigen und zum Schluss alles, was getan werden könnte. So werden Sie im Laufe der Zeit routinierter und erkennen auf den ersten Blick die wichtigen Dinge. Außerdem fehlt der Druck von außen, etwas tun zu müssen. Ganz wie bei den Kindern, die nach Maria Montessori ebenfalls ohne Druck lernen. Und alles geht von selbst.

Nun noch zehn kleine Lichtblicke, die zwischendurch ein wenig Sonnenschein spenden:

- Lesen Sie aus einem tollen Buch vor.
- Telefonieren Sie für wenige Minuten mit einem geliebten Menschen.
- Hören Sie laute Musik und tanzen oder singen dazu.
- Gehen Sie am Wasser spazieren und atmen tief durch.
- Kitzeln Sie Ihre Kinder durch oder toben Sie mal kräftig mit ihnen.

- Arbeiten Sie im Garten oder legen kleine Kräuterkästen an.
- Backen Sie zusammen mit Ihrer Familie einen Kuchen.
- Nehmen Sie Ihr Kind oder Partner fest in den Arm.
- Genießen Sie ein Heißgetränk Ihrer Wahl ganz bewusst, Schluck für Schluck.
- Loben Sie sich zwischendurch für eine getane Arbeit.

SCHLUSSTEIL

UNSERE REISE GEHT NUN ZU ENDE

„Ich bitte die lieben Kinder, die alles können, mit mir zusammen für den Aufbau des Friedens zwischen den Menschen und in der Welt zu arbeiten."

Maria Montessori

Fazit der Montessori Erziehung

Maria Montessori, eine italienische Ärztin, Philosophin und Reformpädagogin (1870-1952) entwickelte allein aufgrund ihrer Beobachtungen und Studien eine besondere Form der Erziehung: Die Montessori Pädagogik. Diese basiert auf sieben Grundsätzen:

1. Freie Wahl der Arbeit
2. Die vorbereitete Umgebung
3. Hilf mir, es selbst zu tun
4. Übungen des praktischen Lebens
5. Der absorbierende Geist
6. Montessori Arbeits- und Lernmaterialien
7. Kosmische Erziehung

Das Kind stand für Maria Montessori immer im Mittelpunkt. Die Umgebung soll sich an das Kind anpassen und nicht das Kind an die Umgebung. Erwachsene als Eltern oder Erzieher mischen sich nicht von außen in die Entwicklung ein, üben keinen Druck aus und sind daher lediglich Begleiter und Beobachter, die bei Bedarf oder nach Wunsch, Hilfestellung geben. Wichtig war Maria, dass die Kinder selbstbestimmt in ihrem eigenen Lerntempo lernen, da im Laufe ihrer Entwicklung mehrere Phasen durchlaufen. Jede Phase wird durch einen inneren Lernprozess vom Kind selbst bestimmt. In diesen sensiblen Phasen sind Kinder besonders aufnahmefähig für den Erwerb bestimmter Fähigkeiten, die jeweiligen inneren Lernzeitfenster jedoch nur begrenzt vorhanden. Daher sollte jede sensible Phase intensiv genutzt werden. Die Phasen werden aufgeteilt in Aufbau, Ausbau und Umbau und betreffen verschiedene Altersgruppen. Zu den Phasen zählen:

- Die Phase des absorbierenden Geistes
- Die Phase der Vervollkommnung
- Die Ausbauphase
- Die Umbruchphase

Maria Montessori war anschauliches und ganzheitliches Lernen sehr wichtig, da Kinder nur nachhaltig lernen, wenn sie aktiv mitarbeiten können. Darauf bauen sämtliche Montessori Arbeits- und Lernmaterialien auf. Diese werden in der Regel selbst hergestellt, oft auch mit den Kindern zusammen. Eingeteilt werden die Arbeitsmaterialien in:

- Sinnesmaterial,
- Sprachmaterial,
- Mathematisches Material,
- Kosmisches Material,
- Perlenmaterial,
- Übungen des täglichen Lebens,
- Übungen der Stille.

Raus in die Natur und Leben mit der Natur, ein Gespür dafür bekommen und Verantwortung gegenüber der Natur und Umwelt entwickeln war Maria eine Herzensangelegenheit.

Maria Montessori setzte ein Verständnis sowie die Akzeptanz der Eltern in der Montessori Pädagogik voraus. Um sein Kind selbstbestimmt und frei erziehen zu können, müssen die Eltern dessen Werte vorleben, sie verstehen und verinnerlichen. Deswegen sollten Eltern ihren Kindern zu Hause ebenfalls eine kindgerechte Umgebung einrichten und mit speziellen Übungen und Lernmaterialien fördern. Um den täglichen Umgang mit den Kindern innerhalb der Montessori Pädagogik zu erleichtern, hat Maria Regeln für Eltern entworfen, um bessere Erziehungsberechtigte zu werden.

Zu diesen Regeln gehörten unter anderem:

- Wenn du ein Kind zu oft kritisierst, lernt es, andere zu verurteilen.
- Wenn sich dein Kind sicher bei dir fühlt, lernt es, anderen zu vertrauen.
- Sprich niemals schlecht über dein Kind, weder in seiner An- oder Abwesenheit.
- Hilf deinem Kind nur, wenn es nach Hilfe fragt. Ansonsten hilf ihm, sich selbst zu helfen.
- Zeige deinem Kind immer den besten Weg.

Die Montessori Pädagogik eignet sich nicht für alle Kinder. Für solche, denen es schwerfällt, sich selbst zu motivieren, sich zu konzentrieren und die nichts mit sich anzufangen wissen, wird es schwer werden in einer Montessori Einrichtung. In Montessori Einrichtungen wird ohne Druck von außen, ohne Vorgaben und ohne Noten gearbeitet. Die Kinder sind in altersgemischten Gruppen untergebracht, in denen die Älteren den Jüngeren helfen. Respekt voreinander, soziale Kompetenz und Hilfsbereitschaft wird großgeschrieben in Montessori Schulen und Kindergärten. Lob gibt es nicht, die Kinder sollen sich selbst motivieren und auch eine Selbstkontrolle nach getaner Arbeit durchführen. Das alles fördert freie Entfaltung und einen großen Schritt in Richtung Selbstständigkeit sowie Selbstvertrauen. Maria Montessori sagte über ihre Pädagogik:

„Eine wahre und innere Freiheit kann nicht gegeben werden, nicht einmal erobert werden; Sie kann jeder nur in sich selbst aufbauen, als Teil der Persönlichkeit, und sie kann deshalb auch nicht verloren gehen." [15]

Häufige Fragen

Warum entscheiden sich immer mehr Eltern für eine Privatschule?

Da liegen die Gründe in verschiedenen Bereichen. Manche Eltern wünschen ihren Kindern eine Schule, die christliche, soziale oder generell Werte in dem Bereich Natur vermittelt. Andere Eltern sind überzeugt vom alternativen pädagogischen Modell der Schule. Privatschulen fördern die Freude am Lernen, das individuelle Lernen sowie die Selbstständigkeit der Kinder. Außerdem sehen viele Eltern in den Konzepten der Privatschulen wie keine Benotung, starke Elterneinbindung, altersgemischte Klassen sowie kein Frontalunterricht.

Für wen ist die Montessori Pädagogik geeignet?

Die sehr auf die Kinder gerichteten Prinzipien der Montessori Pädagogik sind nicht für alle Kinder geeignet. Fehlende Strukturen und Vorgaben können sich je nach dem kindlichen Charakter und Temperament sogar nachteilig auf das Kind auswirken. Kinder mit Konzentrationsschwäche zum Beispiel kommen oft in dieser Art Unterricht nicht mit. Auch wenn Eltern sich nicht in das Schulsystem einbringen wollen oder können, ist diese Art nicht geeignet.

Gibt es Leistungsdruck an Montessori Einrichtungen?
Nein. Bei der Montessori Pädagogik wird ohne Leistungsdruck von außen gearbeitet.

Haben Schüler eine Montessori Einrichtung Nachteile im späteren Leben?
Im sozialen Miteinander ganz klar nein. Schüler, die nach der Montessori Pädagogik erzogen wurden, haben ein großes Selbstbewusstsein und Vertrauen, verfügen über eine große Hilfsbereitschaft und sind sehr empathisch. Allerdings kann es beruflich hinderlich sein, wenn die Schüler den falschen Beruf wählen. Sie sollten keine Arbeit aufnehmen, bei der feste Strukturen vorherrschen, es eine Hierarchie gibt und klare vorgegebene Regeln. Ansonsten gibt es bei der Arbeitssuche keine großen Nachteile.

Ist die Montessori Pädagogik noch aktuell für unsere heutige Zeit?
Es gibt deutschlandweit über 1.000 Schulen und Kindergärten, die mit der Montessori Pädagogik arbeiten. Inzwischen übernehmen immer mehr staatliche Regelschulen einige Aspekte der Montessori Pädagogik und ist daher sehr aktuell.

Was ist das Konzept der Montessori Pädagogik?
Die Montessori Pädagogik beruht auf einem Grundkonzept, das nach offenem Unterricht, freier Arbeit und Selbstdisziplin arbeitet. Die Arbeits- und Lernmaterialien sind in einer

vorbereiteten Umgebung als Eigenbeschäftigung gedacht, sodass die Kinder selbst entscheiden können, was sie wie lange lernen möchten. Jedes Kind arbeitet in seinem ganz persönlichen Lerntempo und wird als eigenes Individuum betrachtet.

Wo ist der Unterschied zwischen Regelschulen und Montessori Einrichtungen?

In der Montessori Einrichtung gibt es keine Noten, keinen äußeren Einfluss von den Erziehern und keinen Leistungsdruck. Die Kinder lernen selbstbestimmt. Die Klassenzimmer sind gemütlich eingerichtet mit mehreren Zonen und ähneln mehr dem Wohnzimmer. In dieser Atmosphäre entsteht Sicherheit, Vertrauen und Geborgenheit. Es gibt keinen Frontalunterricht, keinen vorgegebenen Stundenplan und keine zeitlich begrenzten Unterrichtsstunden. Die Klassen sind altersgemischt und es kann prinzipiell jeder Abschluss erworben werden. Allerdings müssen die Prüfungen meist an einer staatlichen Schule abgelegt werden, da nicht viele Regelschulen das Montessori Konzept übernommen haben.

Wie verläuft der Übertritt an eine Regelschule?

Wenn Schüler einer Montessori Einrichtung auf eine staatliche oder weiterführende Schule wechseln, schaffen nach einer Studie von Focus.de mindestens 35 Prozent den Übergang auf das Gymnasium. Bevor ein Schüler an einer staatlichen oder weiterführenden Schule aufgenommen wird, gibt es in der Regel Eignungstest oder die verpflichtende Teilnahme am Probeunterricht, um dessen Leistungsstand überprüfen zu können.

Kann mein Kind von einer Regelschule auf eine Montessorischule gehen?

Das ist selbstverständlich jederzeit möglich. Das ist dann der Fall, wenn das Kind mit dem starken Leistungsdruck und hohen Anforderungen an einer Regelschule nicht zurechtkommt. Wenn es sich ansonsten ausreichend konzentrieren und selbst motivieren kann, wird die Montessorischule wahrscheinlich der bessere Ort für dieses Kind sein.

Was ist der Montessori Abschluss?

Der Montessori Abschluss verläuft folgendermaßen: Nach der 9. Klasse beginnen die Schüler mit der intensiven Vorbereitung und Arbeit an der großen praktischen Abschlussarbeit. Das Thema suchen sich die Schüler selbst aus, welches nicht nur praktisch, sondern auch theoretisch vorbereitet werden muss. Die fertige Arbeit wird dann einem Publikum vorgeführt, das in der Regel aus den Lehrern und der Elternschaft besteht. Dann müssen die Schüler Fragen dazu beantworten und eine Dokumentation dazu erstellen.

Nach bestandener Prüfung gibt es das Zertifikat sowie eine Veröffentlichung ihrer praktischen Arbeit.

Welche Vorteile bringt die Montessori Pädagogik?

- Individuelles Lerntempo,
- kein Leistungsdruck,
- Vermittlung sozialer Kompetenzen im Vordergrund,
- individuelle Betreuung,
- altersgerechtes Lernen,
- Kinder werden individuell gefördert,
- Förderung von Selbstbewusstsein und Selbstständigkeit.

Können Nachteile bei der Montessori Pädagogik entstehen?

- Lange Anfahrtswege,
- die Kosten für Montessori Einrichtungen,
- intensive Elternarbeit,
- nicht für alle Kinder geeignet,
- Schüler könnten im späteren Leben Probleme haben, ohne Hilfsmaterial zu arbeiten,
- Schüler könnter. im Beruf Probleme bekommen, wenn sie Themen vorgegeben bekommen,
- in der Berufsschule könnte es schwierig werden mit den Hausaufgaben, da sie es nicht kennen.

Was kosten die Montessori Einrichtungen?
Das variiert von Einrichtung zu Einrichtung. In der Regel liegen die monatlichen Kosten zwischen 200 und 500 Euro.

Häufige Fehler

Grundsätzlich sollte festgehalten werden: Fehler machen wir alle. Fehler sind dafür da, um von ihnen zu lernen. Nur dauerhafte Fehler in der Erziehung sind schwerwiegend, da sie das Verhalten und die Entwicklung unserer Kinder nachhaltig schaden oder sie negativ beeinflussen können. Es ist also überhaupt nicht schlimm, wenn ich mal einen Tag im Jahr keine Lust habe, mich intensiv mit meinen Kindern zu beschäftigen, ich heute keine gute Laune habe oder mein Kind zweimal im Jahr verwöhne. Das richtige Maß ist wichtig und eine Struktur. Und die sieht folgendermaßen aus:

1. Bleiben Sie liebevoll
Fehler: Die Eltern geraten oft in die Opferrolle, weil sie denken, dass ihre Kinder alles mit Absicht machen. Sie hören nicht, streiten sich ständig oder machen verbotene Sachen.

Besser: Kinder machen diese Dinge nicht absichtlich. Sie haben genauso Gefühle wie Sie auch und möchten ihren persönlichen Wünschen nachgehen. Dass das nicht immer geht, müssen sie noch von Ihnen lernen.

Fragen Sie Ihre Kinder bewusst, warum sie sich gerade so verhalten und wie man die Situation verbessern könnte. Gemeinsam kommen Sie besser ans Ziel.

2. Erklären

Fehler: Eltern erklären ihren Kindern gern bestimmte Regeln und wollen ihnen Werte vermitteln. Das ist gut und wichtig. Allerdings folgen den Kindern nicht immer den Regeln, weil sie gar nicht wissen, wieso sie das machen sollen.

Besser: Egal, was Sie Ihren Kindern vermitteln möchten: Erklären Sie ihnen den Grund dafür. Denn nur wenn sie den Grund dafür kennen, werden sie es einsehen und die Regeln befolgen.

3. Klar verteilte Rollen

Fehler: Viele moderne Eltern denken, dass es für das Kind super ist, wenn sie mehr Freund als Erziehungsberechtigter sind. Doch das ist falsch. Vor einem Freund hat ein Kind nicht so viel Respekt wie vor einem Elternteil. Es muss klare Grenzen geben, die die Rolle zwischen Eltern und Kind trennt. Selbstverständlich ist Erziehung liebevoll, aber es muss dem Kind klar sein, dass es auf die Eltern hören sollte. Außerdem sind bei einer freundschaftlichen Beziehung beide Seiten auf Augenhöhe. Das ist aber nicht so bei einem Kind.

Ein Kind ist ein hilfebedürftiger und schutzloser kleiner Mensch, der Ihre Hilfe braucht und nicht andersherum. Große und kleine Menschen sind nicht gleichberechtigt.

4. Viel Körperkontakt

Fehler: Viele Eltern denken, dass wenn sie mit ihren Kindern zu viel kuscheln oder sie zu oft umarmen, dass sie sie verwöhnen. Einige sind auch der Meinung, dass Körperkontakt ab einem bestimmten Alter vorbei sein sollte, weil sie halt zu groß dafür sind.

Besser: Kinder sind nie zu alt für Körperkontakt! Sie selbst sehnen sich schließlich auch nach einer Umarmung von Ihrem Partner oder ihren Eltern. Berührungen sind wichtig, sie zeigen dem anderen, wie viel er einem bedeutet. Kinder brauchen Körperkontakt, damit sie sich geborgen und sicher fühlen können. Er gehört zu einer gesunden Entwicklung dazu. Allerdings sollten Sie sich nicht aufdrängen. Wenn die Kinder kuscheln möchten, dann lassen Sie es zu. Gegen ein Streicheln über den Kopf oder die Wange am Morgen, einen Gute-Nacht-Kuss auf die Wange oder eine Umarmung zum Abschied spricht überhaupt nichts. Aber zwingen Sie Ihr Kind nicht dazu.

Schlusswort

Wir sind am Ende des Buches angelangt. Ich bedanke mich herzlich bei Ihnen, dass Sie mich die ganze Zeit geduldig begleitet haben. Sie haben vieles erfahren, viel Neues gelernt und altes Wissen eventuell aufgefrischt. Wenn Sie sich aufgrund dieses Buches für eine Erziehung nach Maria Montessori entscheiden, dann freue ich mich sehr darüber, denn Ihr Kind wird davon profitieren. Wenn Sie nur einige Elemente einbauen möchten in Ihre Erziehung, ist das bereits ein kleiner Anfang zum Umdenken und ich kann Ihnen nur dazu gratulieren. Allen anderen möchte ich ans Herz legen, dieses Büchlein immer mal wieder in die Hand zu nehmen und reinzuschauen. Vielleicht wächst Ihnen die Montessori Pädagogik, ja doch eines Tages ans Herz.

Ich wünsche Ihnen alles Gute und Liebe auf Ihrem weiteren Lebensweg und viel Spaß mit Ihrer kleinen oder großen Familie.

Alleen Carrel

Quellenangaben

[1] https://www.grin.com

[2] https://michaela.thiesen.at

[3] https://www.montessori-coe.de

[4] https://mariamontessori.froebel.info

[5] https://www.grin.com

[6] https://www.montessori-material.de

[7] https://www.montessori-nordhorn.de

[8] https://www.montessori-idstein.de

[9] http://www.kita-weltkinderhaus.de

[10] https://www.montessori-mitwitz.com

[11] https://ichduwir-montessori.at

[12] https://www.monaddrei.de

[13] https://detopia.de

[14] https://taffmother.de

[15] http://www.montessori-wien.at

Haftungsausschluss

Dieses Buch enthält Meinungen und Ideen des Autors und hat die Absicht, Menschen hilfreiches und informatives Wissen zu vermitteln. Die enthaltenen Strategien passen möglicherweise nicht zu jedem Leser, und es gibt keine Garantie dafür, dass sie auch wirklich bei jedem funktionieren. Die Benutzung dieses Buchs und die Umsetzung der darin enthaltenden Informationen erfolgt ausdrücklich auf eigenes Risiko. Haftungsansprüche gegen den Autor für Schäden materieller oder ideeller Art, die durch die Nutzung oder Nichtnutzung der Informationen bzw. durch die Nutzung fehlerhafter und/oder unvollständiger Informationen verursacht wurden, sind ausdrücklich ausgeschlossen. Das Werk, inklusive aller Inhalte, gewährt keine Garantie oder Gewähr für Aktualität, Korrektheit, Vollständigkeit und Qualität der bereitgestellten Informationen. Druckfehler und Fehlinformationen können nicht vollständig ausgeschlossen werden.

Impressum

Alleen Carrel wird vertreten durch:
Oleg Rudnik
Contwigerhangstr. 35
66482 Zweibrücken

ISBN: 9783982326023

Covergestaltung: Denise Gahn
Lektorat: Tina Müller

Herausgeber

www.nalunu.de
info@nalunu.de

Verantwortlich für den Druck:
Amazon Distribution GmbH, Leipzig

Printed in Poland
by Amazon Fulfillment
Poland Sp. z o.o., Wrocław

74922604R00106